Walter Kasper

Was alles Erkennen übersteigt

Walter Kasper

WAS ALLES ERKENNEN ÜBERSTEIGT

Besinnung auf den christlichen Glauben

Herder
Freiburg · Basel · Wien

MEINEM VATER
zum 86. Geburtstag

Imprimatur. – Freiburg i. Br., den 5. Februar 1987
Der Generalvikar: Dr. Schlund
Herstellung: Freiburger Graphische Betriebe 1987
ISBN 3-451-20537-8

Inhalt

Vorwort

Die vorliegenden Besinnungen sind aus verschiedenen Vorträgen bei unterschiedlichen Anlässen hervorgegangen. Für die Veröffentlichung wurden sie überarbeitet und erweitert. Sie können selbstverständlich nicht beanspruchen, eine umfassende Darstellung dessen zu sein, was herkömmlicherweise im theologischen Traktat über den Glauben behandelt wird. Es geht um einzelne Anstöße zur Klärung und Vertiefung des persönlichen Glaubens in der heutigen Welt. Allen, die durch ihre Fragen, Einwände, Anregungen und nicht zuletzt durch ihr eigenes persönliches Glaubenszeugnis beim Entstehen dieser Besinnungen mitgeholfen haben, sage ich aufrichtigen Dank.

Tübingen, am Fest der Erscheinung des Herrn 1987

Walter Kasper

I
Herausgeforderter Glaube

Eine Schicksalsfrage

„Die Weitergabe des Glaubens" ist in unseren Tagen fast überall zum Problem geworden und in eine schwere Krise geraten. Sie ist die Schicksalsfrage der gegenwärtigen Kirche. Trotz größter Anstrengungen und trotz besten Willens droht der Glaube in unserer modernen und postmodernen Welt immer mehr zu verdunsten; immer weniger scheint er eine das Leben und die Wirklichkeit bestimmende Macht zu sein. Seine Überzeugungs- und Tradierungskraft scheint zu erlahmen.

Nicht nur viele Pfarrer, Religionslehrer, auch viele Eltern fragen: Wie soll es weitergehen? Wie sollen wir dieser Krise begegnen? Können wir ihr überhaupt noch begegnen? Jeder aufmerksame Beobachter der Lebenswelt, so wie sie sich heute vor allem in den westlichen Gesellschaften darstellt, kann den zahlenmäßigen Rückgang der religiösen Praxis und das Verschwinden der religiösen Zeichen und Bekundungen in der Öffentlichkeit feststellen. Die Glaubenden finden sich fast überall in einer Diasporasituation und wie auf einem verlorenen Posten vor.

~~2. Abs. 5. M~~

S. 13 Abs.

Der Glaube selbst ist angefragt

Eines scheint sicher zu sein: Die Krise geht so tief, und sie ist so umfassend, daß es nicht ausreicht, nur nach griffigeren und zugkräftigeren Methoden und nach verbesserten Strukturen der Glaubensweitergabe zu rufen. Die Diskussion um äußere Reformen ist zweifellos notwendig; aber sie darf nicht oberflächlich geführt werden, sonst ist sie selbst ein Phänomen mangelnder Glaubenskraft. Nicht allein die Weitergabe des Glaubens, sondern der Glaube selbst, nicht allein das Wie seiner Vermittlung, sondern das Was und Warum des Glaubens stehen heute in Frage. Der Glaube selbst ist herausgefordert.

Dabei geht es keineswegs nur um den Glauben der anderen, auch nicht nur um den Glauben der nächsten Generation; es geht um unseren Glauben! Wäre er überzeugender, ansteckender, zündender, dann bräuchten wir uns um seine Weitergabe vermutlich keine Sorgen zu machen. Was wir deshalb vor allem brauchen, sind lebendige Zeugen des Glaubens. Nur der gelebte Glaube überzeugt.

Was Theologen dazu tun können, ist wenig. Die Theologie kann auch in dieser Situation nur eine bescheidene Hilfestellung geben. Den gelebten und lebendigen Glauben kann man niemandem andemonstrieren. Man muß ihn bezeugen. Dabei kann man versuchen, auch argumentativ vorsichtig zum Glauben hinzuführen und ihn gegenüber seinen intellektuellen Bestreitern zu schützen. Auf diese Weise soll der Christ Rechenschaft geben von der Hoffnung, die in uns ist (1 Petr 3,15). Der Theologe kann außerdem die „Länge und Breite, die Höhe und Tiefe" des Geheimnisses Christi, der durch den Glauben in unseren Herzen wohnt, zu ermessen und den ganzen inneren Reichtum des Glaubens herauszustellen versuchen. Er wird dabei aber immer wieder feststellen, daß die Liebe Christi alles Erkennen übersteigt (vgl. Eph 3,17–19).

In diesem bescheidenen Sinn wollen wir im folgenden die Frage stellen: Was heißt das – glauben? Wie geht das – glauben? Worauf gründet sich unser Glaube? Was glauben wir im Glauben? Wir fragen also nach Wesen, Akt, Inhalt und Grund des christlichen Glaubens. Wir fragen schließlich auch nach der Gemeinschaft der Glaubenden, der Kirche.

Doch: Was heißt Glauben?

So zu fragen ist höchst notwendig. Das Wort „glauben" ist ja schon im Alltagssprachgebrauch ein äußerst vieldeutiges Wort. Wenn wir etwa sagen: „Ich glaube, es wird morgen regnen", dann meinen wir: Ich habe zwar Anhaltspunkte, aber ich weiß es nicht genau. Glauben bedeutet dann ein bloßes Meinen und Vermuten. Es kann Leichtgläubigkeit, Vertrauensseligkeit, unaufgeklärtes, intellektuell bequemes, autoritätshöriges Verhalten bis hin zu Wahn- und Aberglauben besagen. Das Wort „glauben" kann aber auch Ausdruck von Zuversicht, Vertrauen und Treue sein. Wenn ich etwa sage: „Ich glaube dir", dann bezieht sich der Glaube nicht auf einen bloß vermuteten Sachverhalt, sondern auf eine Person, der ich Vertrauen schenke, weil ich ihrer Vertrauenswürdigkeit gewiß bin. In diesem Fall ist der Glaube nicht Ausdruck mangelnden sicheren Wissens, sondern Ausdruck von tiefer Gewißheit aufgrund von persönlichem Vertrauen.

Glauben ist also ein mehrdeutiges Wort. In dieser Vieldeutigkeit ist das Wort „glauben" mißbrauchbar. Wesen und Unwesen des Glaubens, Glauben und Aberglauben liegen oft nahe beieinander und sind manchmal auch miteinander vermischt. Man kann mit der Glaubenswilligkeit und -kraft vor allem junger Menschen auch Schindluder treiben und ihr Vertrauen mißbrauchen. Totalitäre Systeme erweisen sich darin als besonders geschickt und raffiniert, und die neueren Jugendsekten zeigen die Aktualität dieser Gefahr auch und gerade in unserer Gesellschaft.

Nicht nur der Alltagssprachgebrauch von „glauben", auch der religiöse und christliche Sprachgebrauch ist äußerst vielschichtig. Wenn der Christ bekennt: „Ich glaube", dann will er damit nicht nur sagen, daß es Gott gibt. Das glauben, wie der Jakobusbrief sagt, auch die Dämonen, und sie zittern (Jak 2, 19). Schon gar nicht drückt der Christ mit einer solchen Aussage einen Mangel an sicherem Wissen aus; er behauptet im Gegenteil höchste personale Gewißheit. Es geht ihm im Glauben um Halt und Inhalt, Grund und Ziel seiner Existenz. Dieses Vertrauen ist aber in ganz bestimmten Inhalten des Glaubens begründet: im Glauben an Gottes Geschichte mit den

Menschen, an die Menschwerdung Gottes, an Kreuz und Auferstehung Jesu Christi und an die wirksame Gegenwart von Gottes Heiligem Geist in Wort und Sakrament der Kirche. Beim Glauben sind also der Glaubensakt und der Glaubensinhalt zu unterscheiden. Augustinus unterschied sogar drei Bedeutungen des religiösen Glaubens: den inhaltlichen Daß-Glauben: credere Deum, glauben, daß Gott ist – den Vertrauensglauben: credere Deo, Gott glauben im Sinn von Gott vertrauen – den Weg-Glauben: credere in Deum, sich auf den Weg zu Gott machen und dies in Gemeinschaft mit allen Gliedern des Leibes Christi.

Oft hat man den theologischen Glaubensbegriff aber auf den ersten Aspekt eingeengt. Glauben wurde oft einseitig als Daß-Glaube und als Für-wahr-halten von Sätzen und übernatürlichen Sachverhalten verstanden. Versteht man glauben nur in diesem verengten inhaltlichen Sinn, dann besteht die Glaubenskrise darin, daß heutzutage auch viele getaufte Christen in manchen heiklen Lehrpunkten – etwa der Existenz von Engeln und Teufeln, der Jungfrauengeburt, der Sexualmoral – nicht mehr die ganze Glaubenslehre der Kirche teilen. Sehr viele Christen kennen nicht einmal mehr auch nur die Grundwahrheiten des Glaubens der Kirche; vielfach ist das Glaubenswissen heute auf einen seltenen Tiefpunkt gefallen. Das sind ohne Zweifel bedenkliche Phänomene. Denn ein inhaltsloser oder inhaltsleerer Glaube wäre ein haltloser Glaube, der im doppelten Sinn des Wortes gegenstandslos ist. Er verflüchtigte sich rasch, und er ist in Gefahr, sich bis zur Unkenntlichkeit mit anderen Einstellungen, Bewegungen, Ideologien und Utopien zu vermischen. Wird der inhaltliche Aspekt jedoch verabsolutiert, dann geraten die Glaubensweitergabe und die Glaubensvermittlung in den Verdacht der Indoktrination. Dagegen wehrt sich nicht nur der aufgeklärte, auf Freiheit bedachte moderne Mensch; dagegen wehrt sich auch der wahrhaft Gläubige. Er weiß, daß glauben weit mehr ist als das Fürwahrhalten von katechismusartigen Lehrsätzen. Der Glaube ist auch ein Akt und Vollzug, ja eine das ganze Leben bestimmende Haltung. Ein nicht zu unterschätzender Aspekt der gegenwärtigen Glaubenskrise besteht darin, daß uns viele Grundhaltungen des Glaubens fremd geworden sind: die Haltung der Ehrfurcht, der Demut, des Vertrauens, der Hingabe. Glaubensakt und Glaubensinhalt sind heute gleichermaßen angefochten.

Verwischung der Konturen

Zwar gab es schon immer Gefahren, Versuchungen, ja Verfolgungen für die Glaubenden. Heute hat die Auseinandersetzung um den Glauben jedoch eine neue Qualität angenommen. Die Situation ist nicht zuletzt deshalb so dramatisch, weil sich Glaube und Unglaube heute weithin nicht mehr als klar identifizierbare Größen gegenüberstehen. Die klaren Konturen verwischen sich, weil der Glaube selbst oft zerredet und von innen her in seiner Substanz angefochten und bedroht ist, und zum andern weil der Unglaube zumindest in unserer westlichen Gesellschaft heute meist nicht mehr militant auftritt. Mit der Selbstgewißheit des Glaubens ist die des Unglaubens zerbrochen; auch er ist skeptisch und letztlich indifferent geworden.

In dieser zunehmend allgegenwärtigen, aber unfaßbaren und anonymen Atmosphäre der Gleichgültigkeit geschehen die Übergänge zwischen Glauben und Unglauben oft lautlos und fast unbemerkt. Selten gelang es dem Unglauben, sich so gut zu tarnen, wie es in der heutigen babylonischen Sprachverwirrung möglich ist. Nichts wird mehr klar behauptet, nichts mehr direkt geleugnet, alles wird vielmehr umdefiniert, umfunktioniert und uminterpretiert. Am Ende zerfließen gar die Unterschiede zwischen Glauben und Unglauben. Das kann so weit gehen, daß plötzlich der Atheismus im Christentum entdeckt und die These aufgestellt wird: „nur ein Atheist kann ein guter Christ sein, nur ein Christ kann ein guter Atheist sein" (E. Bloch). So erscheint der Nichtglaube plötzlich als fromm, weil offen, tolerant und engagiert; er ist selbst zu einer Art neuer Religion mit unheimlicher Sogwirkung geworden. Der bekenntnisstarke Glaube dagegen wird oft als borniert abgetan.

Selbstverständlich soll nicht einem im falschen Sinn selbstsicheren, intoleranten, sich jeder Diskussion entziehenden Glaubensstandpunkt das Wort geredet werden. Solche Fehlhaltungen entspringen meist nicht einem starken, sondern einem schwachen Glauben. Gesagt werden soll vielmehr, daß sich die Gläubigen heute neu und vertieft fragen müssen:

Glauben – was ist das eigentlich? Glauben – wie geht das? Was ist der verbindliche Inhalt des Glaubens? Wie läßt sich der Glaube rechtfertigen und begründen? Warum überhaupt glauben und den Glauben bekennen? Wie den Glauben lebendig weitergeben? Wie können wir zuerst uns selbst und dann den andern neu verständlich machen, daß glauben schön ist, daß der Glaube ein großes Geschenk zum Weiterschenken ist, daß er das Heil des Menschen ist?

II
Infragestellung des Glaubens

Glaube ist, im weitesten Sinn verstanden, ein wesentliches Element in allen Religionen. Der religiöse Mensch aller Zeiten geht davon aus, daß die Wirklichkeit, die wir mit unseren Sinnen erfassen können, gar nicht die eigentliche und schon gar nicht die einzige Wirklichkeit ist. Er ist überzeugt, daß die sinnenhaft erfahrbare Wirklichkeit nur dadurch existiert, daß sie an einer ganz anderen, umfassenderen Wirklichkeit teilhat, die man die Wirklichkeit des Heiligen nennt. Das Heilige ist ihm ein mysterium tremendum fascinosum, d. h. ein Geheimnis, das zugleich Furcht erregt und fasziniert. So schließt die Religion immer ein Trauen und Bauen auf Wirklichkeiten ein, die übersinnlicher Art sind. Sie sind für den Menschen in den Ängsten und Nöten seines Lebens Halt und Trost. Nicht selten ist das Heilige und das Göttliche aber auch Gegenstand der Furcht und des Schreckens. Es ist ein zutiefst ambivalentes Phänomen.

Funktionsverlust des Glaubens

Unsere durchschnittliche heutige Überzeugung unterscheidet sich radikal von dieser religiösen Menschheitsüberzeugung. Für unser heutiges Bewußtsein ist die sinnenhaft feststellbare, materielle und ökonomische Wirklichkeit die eigentliche Wirklichkeit; von ihr wird alles andere abgeleitet, an ihr alles andere gemessen. Ja, alle geistige und religiöse Wirklichkeit wird oft nur als Widerspiegelung, als Projektion oder als Surrogat sinnlicher Erfahrungen und Bedürfnisse oder gesellschaftlicher Interessen gedeutet. Oder sie wird zumindest als zweitrangig neben den sogenannten konkreten Problemen eingestuft.

Zwar hat es seit den antiken Sophisten und den philosophischen Skeptikern schon immer Einwände gegen die religiöse Überlieferung gegeben. Die angedeutete, heute weit verbreitete säkularistische Sicht der Wirklichkeit ist menschheits- und kulturgeschichtlich betrachtet jedoch ein Spätprodukt. Als Überzeugung der breiten Massen ist sie noch kaum hundert Jahre alt.

Das Christentum und die Theologie sind nicht unschuldig an dieser Entwicklung. In der Lehre und noch mehr im privaten und gesellschaftlichen Leben wurde – wie auch das II. Vatikanische Konzil bekennt – das wahre Antlitz Gottes oft eher verhüllt als lebendig bezeugt. Im Spätmittelalter und in der beginnenden Neuzeit wurde der ursprüngliche, letztlich einfache Glaubensakt in viele, für das praktische Leben oft völlig nutzlose, inhaltliche Einzelfragen entfaltet. Der

Glaube wurde allmählich zu einem durch viele Anbauten höchst verwinkelten, dem „Normalchristen" kaum mehr durchschaubaren und für ihn nicht mehr bewohnbaren Gehäuse. Der Glaube an Gott wurde im späten Mittelalter außerdem oft übersteigert zum Glauben an einen Willkürgott, der den Menschen auch täuschen und irreführen kann und dem wir dennoch blind gehorchen müßten. Ein solcher Glaube kann nicht mehr als eine befreiende Wirklichkeit erfahren werden; er ist eine dem Menschen autoritär übergestülpte, seine Freiheit und Würde unterdrükkende Größe. Gegen dieses einseitig objektivierende und autoritative Glaubensverständnis mußte der Mensch um seiner Menschenwürde willen protestieren.

Der Protest kam zunächst von den Reformatoren. Luther verwarf den reinen Fürwahrhalteglauben; für ihn war Glaube Vertrauen (fiducia) auf Gottes Gnade allein um Christi willen. Gegen den von ihm als Skeptiker eingestuften Erasmus stellte Luther freilich ebenfalls heraus, daß sich der Glaube mit letzter Gewißheit in festen Behauptungen (assertiones) äußert. So konnte es kommen, daß aus den reformatorischen Ansätzen später aufs neue ein scholastisches System wurde. Dem trat der Pietismus entgegen mit der Forderung nach einem einfachen, schlichten Herzensglauben. Damit war ein Ton angeschlagen, der später in der Romantik wieder aufklang und der in vielen heutigen Strömungen wiederkehrt: Glaube als Ahnung und Gefühl für das Unbedingte, Glaube als persönliche Erfahrung eines – oft recht unbestimmt bleibenden – göttlichen Geheimnisses. Ungewollt bereitete damit der Pietismus den Boden für die Aufklärung und ihre Kritik an einer positiven, konkreten, geschichtlichen Offenbarung mit konkreten, spezifisch christlichen Glaubensinhalten. Was in der Aufklärung oft übrig blieb, war der allgemeine Menschheitsglaube an ein höchstes Wesen, das sich in seiner Inhaltsleere bald „in Luft" auflösen mußte. Ein Philosoph wie Hegel konnte darüber nur seinen ganzen beißenden Spott ausgießen.

Dennoch bleibt die Frage, wie und weshalb sich diese unverbindliche aufklärerische Religiosität durchsetzen konnte. Es gibt vielfältige Gründe. Einer davon liegt sicherlich im Vordringen des naturwissenschaftlichen Denkens, so wie man dieses im 18./19. Jahrhundert verstand, nämlich des mechanischen Weltbilds. Immer mehr gelang es, die Phänomene der Wirklichkeit auch unter Absehung von Gott zu erklären. Die „Hypothese Gott" hatte sich scheinbar erübrigt. Aber es gibt auch ein gerütteltes Maß an Mitschuld der Christen an der veränderten Situation. In den auf die Glaubensspaltung im 16. Jahrhundert folgenden Religionskriegen geriet die damalige Gesellschaft aus den Fugen. Die christliche Religion hatte ihre Funktion als einheits- und sinnstiftende Klammer verloren; sie war sogar Anlaß zu Streit und Krieg, der die damalige Gesellschaft an den Rand des Ruins führte. Was blieb da schon anderes übrig, als um des Friedens und des Überlebens willen die Religion zur Privatsache zu erklären und die öffentliche Ordnung unter Absehung von den verschiedenen konfessionellen Ausprägungen des christlichen Glaubens auf ein allen gemeinsames und alle verbindendes Fundament zu stellen: die allen gemeinsame menschliche Vernunftnatur.

So ist aus vielfältigen Ursachen eine Zivilisation entstanden, welche die Welt und das Leben rein autonom und allein aus ihren immanenten, weltlichen (säkularen) Ursachen zu erklären versuchte. Der Gottesglaube schien vielen überflüssig geworden zu sein. Man siedelte ihn oft mehr oder weniger im rein persönlichen, privaten, ja intimen Bereich an. Im öffentlichen Bewußtsein hat er immer mehr seine Basis und seine Plausibilität verloren. Er wird zu einem bloßen Teilbereich und Segment neben anderen, nun in den Vordergrund tretenden Bereichen; er wird schließlich marginalisiert. So wird der persönliche Glaube immer weniger durch die öffentliche Meinung gestützt und getragen; er ist auf sich selbst gestellt und muß oft genug gegen ein ganz andersgeartetes Zeitbewußtsein „anglauben".

Der Glaube kritisch hinterfragt und überholt

Die Aufklärung wollte die humane Würde des Menschen und die Ordnung wie den Frieden unter den Menschen dadurch wahren, daß sie die menschliche Vernunft zum Ausgangspunkt, Kriterium und Forum machte, vor dem sich alles, auch der Glaube, zu verantworten hat. Alles sollte vernünftig begriffen und vernünftig gestaltet werden; keine Autorität sollte ungeprüft akzeptiert werden. Auch der Glaube wurde unter das Richtmaß der Vernunft und eines ganz bestimmten Wissensideals gestellt: das Ideal der idea clara et distincta, d. h. unter das Ideal dessen, was wir klar und bestimmt erkennen und was wir more mathematico et geometrico (nach der Art der Mathematik und Geometrie) beweisen könnten. Geht man von diesem Maßstab aus, dann kommt der Glaube in den von Kant formulierten Verdacht, eine defiziente, d. h. minderwertige und abkünftige Form des Wissens, ein Wissen zweiten Grades zu sein. Bestenfalls konnte der Glaube, wie etwa bei Lessing oder Hegel, als eine noch unvollkommene und zu überwindende Vorform des Wissens gelten.

Schließlich formulierte A. Comte, der Vater des modernen Positivismus und der Vertreter eines fast unbegrenzten Fortschrittsoptimismus, das berühmte Drei-Stadien-Gesetz: Das Zeitalter der Religion wird durch das der Metaphysik, welche in rein abstrakt-philosophischer Weise nach den letzten Gründen fragt, abgelöst, und dieses metaphysische Zeitalter wird nunmehr durch das der modernen Wissenschaften überwunden. Das letztere weiß nach Comte im Unterschied zu den beiden vorhergehenden Epochen um die wahren Ursachen der Dinge. So konnte die wissenschaftliche Epoche schon in kurzer Zeit mehr Probleme lösen und mehr zum Wohl der Menschheit tun als die vielen Jahrhunderte zuvor. Der Glaube gilt nun als voraufgeklärt, überholt und abgetan.

Der Diamat, der dialektische Materialismus, welcher die offizielle Partei- und Staatsideologie in den marxistisch-sozialistisch orientierten Staaten Osteuropas ist, hat viele Elemente dieser aufklärerischen positivistischen Religions- und Offenbarungskritik übernommen. Nach ihm resultiert der religiöse Glaube aus der Erfahrung der Entfremdung des Menschen. In dieser Situation verschafft sich der Mensch ein Opium in der Religion. Sie beruht auf einer phantastischen, verkehrten Widerspiegelung einer verkehrten Wirklichkeit und führt zur unbeweisbaren Überzeugung von der Existenz übernatürlicher, immaterieller Wesenheiten und Kräfte. Sie sind jedoch in Wirklichkeit nur die Verabsolutierung und Fetischisierung elementar wirkender, undurchschauter Kräfte im gesellschaftlichen Prozeß. Damit steht nach dieser Ideologie der religiöse Glaube in einem unüberbrückbaren Gegensatz zum Wissen und zur Wissenschaft, die auf objektiv-wissenschaftlicher Analyse des Menschen und seiner Beziehungen zur Natur und Gesellschaft beruhen.

Auch im westlichen Neopositivismus und im kritischen Rationalismus finden sich Argumente der Aufklärung in gewandelter Form. Nach H. Albert führt jede Suche nach einer unbedingten Letztbegründung zum Münchhausen Trilemma. Man steht dann nämlich vor der Wahl zwischen drei Möglichkeiten: Entweder man geht bei der Suche nach Letztbegründungen in einem unendlichen Regreß immer weiter zurück, oder man setzt in einem logischen Zirkel das zu Begründende in der Begründung bereits voraus, oder aber man bricht das Verfahren mehr oder weniger willkürlich ab und beruft sich auf letzte selbstevidente und deshalb keiner weiteren Begründung bedürftige Prinzipien, das Verfahren des Dogmatismus. Dem setzt Albert den kritischen Rationalismus entgegen. Er gebärdet sich nicht mehr so selbstbewußt wie der alte Rationalismus. Er ist wesentlich bescheidener geworden und will nur noch jeweils vorläufige Aussagen machen, die dann weiterer Kritik unterliegen. Die Wahrheit ist hier ein Ziel, das in einer geschichtlichen unabschließbaren Annäherung angestrebt, aber nie endgültig erreicht werden kann. Das aber läuft auf eine grundsätzliche Skepsis gegen jede endgültige Wahrheit und Letztbegründung hinaus.

So gilt heute ein auf letzter Gewißheit beruhender religiöser Glaube vielen als überholtes Relikt früherer Zeiten und als ein versteinertes Fossil aus einer anderen, längst vergangenen Epoche; er gehört für sie der Kinderzeit der Menschheit an und ist des erwachsenen, mündig und kritisch gewordenen Menschen nicht würdig. Der erwachsen gewordene Mensch muß seine Probleme selbst lösen und dabei – wie Sigmund Freud lehrte – ohne einen letzten Trost auskommen.

Doch bei dieser skeptischen Selbstbescheidung ist es nicht geblieben. Die moderne Religionskritik meinte in ihrem rationalen Erklärungsdrang auch noch entschlüsseln zu können, wie es überhaupt zu so etwas wie Religion kommen konnte. Sie wollte also die Mechanismen religiöser Überzeugungen freilegen. Daß ein so universales Phänomen wie Religion nur auf „Priesterbetrug" beruht, wie manche Aufklärer meinten, war auf die Dauer wenig überzeugend. So suchte man den Glauben an Gott als Projektion der dem Menschen selbst eigenen göttlichen Würde und Größe zu verstehen (L. Feuerbach); man deutete ihn als Wunsch- und Ersatzbefriedigung unerfüllbarer Bedürfnisse und Sehnsüchte (S. Freud) oder als fehlgeleiteten Protest und als Sanktion ungerechter Verhältnisse, als Opium des Volkes (K. Marx), als Ausdruck des Ressentiments der im Leben zu kurz Gekommenen (F. Nietzsche). Marx faßte diese Religionskritik pünktlich zusammen: Nicht die Religion macht den Menschen, der Mensch macht die Religion. Der neuzeitliche Atheismus will ein Humanismus sein.

Gottesfinsternis

Man hat schon gesagt: Das „Los von der Kirche" im 16. Jahrhundert habe im 18. Jahrhundert zum „Los von Christus und vom Christentum" und im 19. und 20. Jahrhundert zum „Los von Gott" geführt. Als ursächliche Ableitung ist diese Aussage sicherlich zu einfach. Das Ursachengeflecht des modernen Atheismus und Indifferentismus ist viel zu kompliziert, als daß man es nur auf einen einzigen Nenner bringen könnte.

Man kann den neuzeitlichen Prozeß der Autonomisierung und Säkularisierung auch nicht nur als Abfall von Gott charakterisieren. Es waren dabei auch christliche Motive wirksam. Es war ja die Bibel selbst, welche der Menschheit einschärfte, zwischen Gott und Welt zu unterscheiden, die Welt und die innerweltlichen Größen nicht mit Gott zu verwechseln und damit zum Götzen zu machen. So bahnt sich schon im Alten Testament eine weltliche und rationale Betrachtung der Wirklichkeit an. Sowenig wie die Bibel war auch die große christliche Tradition grundsätzlich vernunft- und aufklärungsfeindlich. Ganz im Gegenteil! So brauchen wir als Christen auch heute nicht grundsätzlich antimodern, vorneuzeitlich und restaurativ eingestellt zu sein. Wir dürfen und sollen das Gute, das die Neuzeit gebracht hat, vor allem das allgemeine Bewußtsein von der Freiheit, der Menschenwürde und den Menschenrechten auch als ein weltliches Stück christlichen Erbes verstehen, das wir heute zusammen mit allen Menschen guten Willens verteidigen müssen. Das letzte Konzil hat ausdrücklich von einer legitimen Autonomie der weltlichen Sachbereiche gesprochen und das grundlegendste aller Menschenrechte, die Religionsfreiheit, feierlich bejaht und bekräftigt.

Die Verkehrung beginnt erst dort, wo man die menschliche Freiheit nicht nur als unbedingt, sondern als absolut erklärt und ihre konstitutive Endlichkeit verkennt. Wenn man nicht mehr anerkennt, daß der Mensch in der Freiheit seines Gewissens auf die ihn vorgegebene Ordnung Gottes verwiesen ist, dann erst kommt es zu einem menschlichen Allmachtswahn, welcher sich in einem ungebändigten Mach- und Machtwillen äußert und welcher heute das Leben und Überleben der Menschheit bedroht.

Nicht das Ernstnehmen der menschlichen Freiheit, sondern die usurpierte unheimliche Freiheit eines

Übermenschen war es also, welche Nietzsche zu dem berühmten Wort führte, daß Gott tot sei. Gott mußte für Nietzsche tot sein, damit der Übermensch leben kann. Doch ist der Übermensch noch ein menschlicher Mensch? In unserem Jahrhundert führte die Proklamation des Todes Gottes konsequent zur Proklamation des Todes des Menschen und zum Versuch, die alteuropäische Menschenwürde abzuschaffen. Die Befreiung, die man sich vom Atheismus versprach, kam in Wirklichkeit nicht.

An die Stelle Gottes ist inzwischen eine tödliche Leere getreten, welche durch äußere Betriebsamkeit nur übertönt, aber nicht ausgefüllt werden kann. Doch diese Betriebsamkeit stumpft das Herz vollends ab und macht es unempfindlich gegen die Spuren und Zeichen Gottes, gegen Gottes Stimme in der Stimme des Gewissens.

In diesem Sinn gilt heute vielen Nietzsches Wort vom Tod Gottes als angemessene zeitdiagnostische Chiffre in bezug auf unsere westliche Zivilisation. Damit will man gewöhnlich nicht sagen, daß Gott nicht existiert, sondern daß seine Existenz gar nicht mehr interessiert. Der Mensch macht sich zu seines eigenen Glückes Schmied und verdrängt den Rest an verbleibenden Fragen im Geschiebe und Gehetze des Alltags. Ein solcher Indifferentismus ist viel gefährlicher als jeder militante Atheismus, für den Gott ja immerhin noch ein Problem und eine Größe ist, gegen die er ankämpft. Für den Indifferentismus aber ist Gott in dem Sinn tot, daß von ihm kein Leben mehr ausgeht, daß er nicht mehr anregt und aufregt. Die teils bedrängenden, teils faszinierenden vielen kleinen Fragen werden so übermächtig, daß für die großen Fragen kein Raum mehr ist. So wird Gott mehr totgeschwiegen als totgesagt. M. Buber hat von einer Gottesfinsternis gesprochen.

Diese geistige Horizontverfinsterung und religiöse Sonnenfinsternis geht auch an den Gläubigen nicht spurlos vorüber. Sie können sich der allgemeinen Atmosphäre nicht einfach entziehen. Der Zweifel des Unglaubens nagt und nistet oft genug auch in ihrem Herzen. Wäre aber ihr Glaube aufregender und anregender, würde er wirklich ihr Leben und die Welt verändern, dann würde er zweifellos aufhorchen lassen. Doch was bleibt uns oft anderes übrig, als zu sagen: „Herr, ich glaube, hilf meinem Unglauben" (Mk 9,23). So müssen wir in gelebter Zeitgenossenschaft mit den Fragen und Nöten von heute für uns und für andere neue Zugänge und Wege zum Glauben erkunden.

III
Wege zum Glauben

Es gibt zweifellos sehr vielfältige Wege zum Glauben. Jeder hat seine eigene Glaubensgeschichte. Im Grunde gibt es so viele Einstiege in den Glauben als es glaubende Menschen gibt. Eine bestimmte Lebenserfahrung, eine Begegnung, ein Wort, ein Buch – das alles kann Ausgangspunkt für eine Lebenswende hin zum Glauben sein. Es gibt freilich auch den Weg des Denkens und Nachdenkens, den wir im folgenden beschreiten wollen. Wir sollen als denkende und mündige Menschen uns und den anderen ja auch geistig Rechenschaft von unserem Glauben geben. Dabei müssen wir es zunächst offen lassen, wieweit dieser Weg des Denkens in den Bereich des Glaubens führt. Keineswegs dürfen wir von vornherein Stoppschilder für das Denken aufstellen oder gar Denkverbote erlassen.

Eine Situation, die zu neuem Nachdenken anregt

Der selbstgewisse positivistische und rationalistische Fortschrittsglaube der vergangenen Jahrhunderte und Jahrzehnte gehört heute schon wieder zum alten Eisen. Er ist zerbrochen oder zumindest am Zerbrechen. Zwar ist nicht zu bestreiten, daß es viele Fortschritte gibt. Man denke etwa an Fortschritte in der Medizin, auf die heute kein vernünftiger Mensch mehr verzichten möchte. Außerdem gibt es in den modernen Demokratien einen Fortschritt im Bewußtsein und in der Verwirklichung der menschlichen Freiheit, den es mit allen Kräften zu verteidigen gilt. Für einen sich selbst recht verstehenden christlichen Glauben ist Wissenschafts- und Fortschrittsfeindlichkeit kein Ausweg aus der gegenwärtigen Krise; dies sollten wir vielmehr den modernen Sektierern überlassen. Im Gegenteil, wir hoffen sogar auf weitere segensreiche Entwicklungen. Nicht die Restauration vorneuzeitlicher Zustände kann das Programm sein; vielmehr gilt es, angestoßen durch die Kritik am christlichen Glauben, aus manchen Fehlern der Vergangenheit zu lernen und so zu einem gereinigten und vertieften Glaubensverständnis zu kommen. Dazu gibt es gute Ansätze.

Nicht der Fortschritt, sondern der Fortschritts*glaube* gehört nämlich in die Rumpelkammer der Geschichte. Er ist im Inferno von zwei Weltkriegen untergegangen; er ist vollends unglaubwürdig geworden angesichts der sich aus dem Fortschritt ergebenden atomaren Bedrohung, den negativen ökologischen Auswirkungen, den begrenzten Ressourcen und vielem anderem mehr. Man weiß heute wieder um die Dialektik der Aufklärung und des Fortschritts, d. h. um die allem Fortschritt immanente Regression. Denn alles, auch der Fortschritt, hat seinen Preis. Der technische Fortschritt führt, wenn er isoliert und verabsolutiert wird, zu einem eindimensionalen Denken und Leben, in dem die Vernunft des Herzens und die Kultur der Liebe verkümmern. Eine verabsolutierte Rationalität wird am Ende selbst irrational, und bloße Funktionalität muß notwendig inhuman werden. So können auch Wissenschaft und Technik zu repressiven Ideologien geraten. Ist der Siegeszug der Moderne nicht begleitet, ja teilweise ermöglicht durch eine Leidensgeschichte vieler aufgrund von Ausbeutung und Unterdrückung?

Das Ungenügen an den Fortschritten der technologischen Zivilisation hat sich zunächst in der sogenannten Studentenrevolte am Ende der 60er und Anfang der 70er Jahre niedergeschlagen. Sie war im Grunde eine Art Kulturrevolution mit tiefgreifenden Nachwirkungen im gesellschaftlichen Bewußtsein bis heute. Dieser neue Schub der Aufklärung und der Emanzipation richtete sich nicht zuletzt auch gegen die als Tabus diffamierten, bisher noch verbliebenen Restbestände religiöser Tradition. Doch die kurzfristig an ihre Stelle tretenden innerweltlichen Utopien verflogen rasch. Am Ende war das Sinnvakuum und das Orientierungsdefizit vollends offenbar.

Die Reaktion war und ist eine neue religiöse Welle: Östliche Meditationspraktiken, Heilungsbewegungen, Jugendreligionen, Psychotechniken, fundamentalistische Strömungen besonders im Islam, Okkultismus und Spiritismus, Astrologie, Glaube an Seelenwanderung (Reinkarnation), Rede von einem neuen Zeitalter (New Age), verbunden sowohl mit apokalyptischen Ängsten wie mit der Hoffnung auf einen tiefgreifenden Zeiten- und Bewußtseinswandel. Das und vieles andere zeigt, daß die noch vor 20 Jahren gängige Rede von einer durch Wissenschaft und Technik unaufhaltsam fortschreitenden Säkularisierung inzwischen von der Entwicklung überholt ist. Amerikanische Soziologen haben die These von der unaufhaltbaren fortschreitenden Säkularisierung längst durch die These von der Fortdauer der Religion (persistence of religion) ersetzt.

Vorsicht ist freilich geboten. Die sogenannte neue Religiosität ist ein zutiefst diffuses und ambivalentes Phänomen, das keineswegs unmittelbar Wasser auf die Mühlen der Kirchen und ihrer Glaubensvermittlung bringt. Sie kann auch ein gefährlicher Konkurrent und Gegner sein. Ihre Gefährlichkeit zeigt sie vor allem in der weltweit rapid zunehmenden Sektenbewegung und nicht zuletzt in den sogenannten Jugendreligionen. Der Umschwung der allgemeinen Stimmungslage hat innerkirchlich zwar eine verstärkte „Nachfrage“ nach Spiritualität gebracht. Doch ist der neue Irrationalismus, ja Antirationalismus zutiefst bedenklich und gefährlich.

Die neue Situation ist eine ernste Anfrage an die Christen und an die Kirchen. Sie müssen sich fragen, ob nicht auch sie mitschuldig daran sind, daß ein solches Vakuum überhaupt entstehen konnte, in das nun Ideologien, Utopien, religiöses Sektierertum und religiöse Esoteriker einbrechen. Auf jeden Fall ist der christliche Glaube heute neu angefragt. Nicht allein und auch nicht primär seine soziologische und politische Relevanz ist gefragt: er ist in seiner religiösen

Substanz herausgefordert. Die Gottesfrage, die Auseinandersetzung zwischen wahrer und falscher Religiosität ist nunmehr das Thema. Zu wahrer Religion und zu wahrem Glauben gehören selbstverständlich auch die soziale Verantwortung und die Tat der Liebe. Der christliche Glaube muß seine Antwort auf die neue Situation in sachlicher Auseinandersetzung mit den Fragen und Einwänden aber auch rational verantworten. Das allein entspricht der christlichen Tradition; das allein entspricht auch der Würde des Menschen.

Die Vernünftigkeit des Glaubens

Der Einwand, das Christentum sei nicht ernst zu nehmen, denn es gründe sich „nur" auf Glauben, nicht aber auf eigener Erfahrung und auf handfesten Beweisen, begegnet uns nicht erst heute. Schon in der ersten Hälfte des dritten Jahrhunderts argumentiert der heidnische Philosoph Celsus in dieser Weise. Origenes, der berühmteste Theologe seiner Zeit und vielleicht der größte Theologe bis heute, hält dem entgegen: Kein Mensch kommt ohne Glauben aus. Damit greift Origenes wichtige Einsichten der damaligen Philosophie auf, die schon bei Aristoteles grundgelegt und vor allem in der damaligen Popularphilosophie, der Stoa, vertreten wurden. Diese Philosophen sagten: Jeder Mensch geht in seinem Erkennen und in seinem Verhalten von letzten Voraussetzungen, von letzten Prinzipien und von Grundentscheidungen aus. Diese kann er notwendigerweise nicht nochmals aus höheren Prinzipien ableiten. Diese letzten Prinzipien muß man vielmehr in einer Art Glauben voraussetzen und dann in der konkreten Erkenntnis und in der Praxis des Lebens als tragfähig erweisen. Man muß sie bewähren (verifizieren = wahr machen), beweisen kann man sie nicht.

Ähnlich argumentierte 150 Jahre später Augustinus, der größte Kirchenvater des Westens. Auch er zeigt gegen denselben Einwand, daß jeder Mensch und jedes Denken von Voraussetzungen ausgeht. Im Grunde kann ich ja nicht einmal beweisen, daß meine Eltern wirklich meine Eltern sind; dennoch fällt es mir nicht ein, daran zu zweifeln, ja die Verweigerung des den Eltern gebührenden Respekts wäre moralisch ein schwerwiegendes Fehlverhalten.

Auch der Rationalismus macht eine solche Voraussetzung. Denn gerade wer alles rational erkennen und begründen will, der muß angesichts des vielen Irrationalen, das es in der Welt gibt, zuerst „irgendwie" an den Sinn von Rationalität glauben. Wer dagegen nur das sinnenhaft Materielle und positiv Feststellbare gelten läßt, nimmt, ob er will oder nicht, einen Standpunkt ein, den er nicht noch einmal sinnenhaft und positivistisch begründen kann. Denn daß nur das positiv Feststellbare wirklich ist, kann nicht noch einmal positivistisch begründet werden. Das gilt schließlich selbst vom radikalen Skeptiker. Denn wer sagt, man müsse und könne an allem zweifeln und es gebe keine sichere Wahrheitserkenntnis, macht ja selbst eine sichere Aussage. Ganz abgesehen davon, daß es auch für den Skeptiker Aussagen gibt, die er nicht bezweifelt, ja sinnvollerweise gar nicht bezweifeln kann. Dazu gehören nicht nur mathematische Wahrheiten, sondern auch die eigene Existenz und das eigene Denken. Das „Cogito sum", „Ich denke, ich bin" war deshalb schon für Augustinus und später in weit radikalerer Weise für Descartes der Angelpunkt aller Gewißheit. Wer aber mit Gewißheit alle letzte Gewißheit ausschließt, der widerspricht sich selbst und immunisiert sich höchst unkritisch gegen jede Kritik.

So waren die Kirchenväter und die mittelalterlichen Scholastiker mit Grund davon überzeugt: Der Glaube geht der Vernunft voran (fides praecedit rationem); er läßt sich deshalb nicht rational ableiten. Aber der Glaube ist deshalb nicht irrational; er ist sogar höchst rational. Denn er sucht und fragt nach dem Erkennen, und er ermöglicht sogar erst die menschliche Erkenntnis (fides quaerens intellectum).

Die Unvordenklichkeit der Wirklichkeit

Die These von der Vorgängigkeit des Glaubens läßt sich heute noch tiefer begründen. Der selbstgewisse Ausgangspunkt der Neuzeit bei der Vernunft und Freiheit des Menschen ist nämlich in der nachidealistischen Philosophie seit dem Zweiten Drittel des letzten Jahrhunderts immer mehr in Frage gestellt worden. Schon bei „dem" neuzeitlichen Philosophen, bei Kant, wird klar ausgesprochen, was dann in der Spätphilosophie Schellings, bei Kierkegaard und

Nietzsche, in unserem Jahrhundert vollends bei K. Jaspers und M. Heidegger zum Allgemeingut wird: Die Vernunft und die Freiheit, von denen der moderne Mensch alles ableitet und auf die er alles bezieht, sind selbst nicht ableitbar. Der Mensch ist ein endliches Wesen; er ist sich selbst unableitbar vorgegeben. Ja, die Wirklichkeit insgesamt ist uns unableitbar und unvordenklich vorgegeben. Deshalb gilt es nicht nur zu fragen, was ist?, sondern zuerst: Warum ist überhaupt etwas und nicht lieber nichts?

Die Einsicht in die nicht ableitbare Faktizität der Wirklichkeit schafft für das Denken eine grundlegend neue Situation. Sie führt nicht unmittelbar zum Gottesglauben. Sie kann auch zu ganz anderen Optionen, zum Sinnlosigkeitsverdacht, zum Schicksalsglauben u.a. führen. In jedem Fall führt sie aber zu einer neuen Selbstbescheidung des Denkens; denn sie macht universale Sinn- und Systementwürfe von vornherein unmöglich. So erkennt man heute deutlicher als früher, daß es kein schlechthin voraussetzungsloses Denken gibt, daß vielmehr jeder Denk- und Verstehensansatz an ein bestimmtes geschichtliches Vorverständnis, an Optionen und auch an Interessen gebunden ist. Das bedeutet nicht, daß nun alles möglich ist im Sinn des postmodernen „anything goes". Die Unterscheidung zwischen Ja und Nein, wahr und falsch, gut und böse kann nicht aufgegeben werden, will sich der Mensch nicht selbst aufgeben. Es gilt also von den Voraussetzungen Rechenschaft zu geben und sie immer wieder neu mit der Wirklichkeit zu konfrontieren. Alles andere führt entweder zu ideologischer Selbstverschlossenheit oder in den puren Nihilismus, bei dem dann auch keine vernünftige Kommunikation mehr möglich ist.

Der Glaube, welcher die unvordenklich vorgegebene Wirklichkeit in einer geschöpflichen Demut und Dankbarkeit von Gott annimmt und bejaht, kann in dieser neuen Situation in doppelter Weise argumentieren: Er kann von der Unableitbarkeit des einzelnen ausgehen, und er kann auf die Unausdenkbarkeit des Ganzen der Wirklichkeit verweisen. Fragen wir also, wohin und wie weit solche Argumente führen.

Glauben heißt, auf das Zeugnis eines anderen etwas annehmen

Das einzelne ist der Vernunft letztlich nicht durchdringbar. Kein Sandkorn in der Wüste ist dem anderen vollkommen gleich; jedes ist einmalig. In keinem einzelnen Fall können wir alle konkreten Bestimmungen ausmachen. Erst recht ist jeder Mensch nicht nur quantitativ, sondern qualitativ einmalig. Die Existenz des je einzelnen Menschen ist unverwechselbar und unaustauschbar. Der Mensch ist weder ein bloßes Bündel von physischen, psychischen, sozialen u. a. Funktionen, noch der besondere Fall eines Allgemeinen. Er ist ein je einmaliges Ich, eine einmalige Person. Das begründet seine unantastbare Würde. Der Mensch ist ein Zweck an sich selbst. So paßt kein Mensch in ein abstraktes Schema; ebensowenig geht er in noch so richtigen positivistischen Feststellungen auf.

In unserem mitmenschlichen Verhalten sind wir deshalb immer auf „Treu und Glauben" angewiesen. Wir müssen vieles, das meiste, auf das Zeugnis anderer hin annehmen ohne die Möglichkeit einer eigenen Einsichtnahme in den Sachverhalt. Wir können und müssen nur die Glaubwürdigkeit der Zeugen überprüfen. Augustinus verweist uns darauf, wie wir gesehen haben, daß wir nicht einmal unsere Eltern lieben und ihnen vertrauen könnten, wenn wir ihnen nicht glauben, daß sie unsere Eltern sind. Für die Annahme, daß sie es wirklich sind, haben wir gute Gründe; aber das läßt sich niemals mit Sicherheit beweisen. Man glaubt es ihnen und anderen. Wenn wir in diesem wie in anderen Fällen fragen, ob die anderen glaubwürdig sind, dann müssen wir ihnen bis zum Erweis des Gegenteils zunächst einmal vertrauen; anders wäre menschliches Zusammenleben vernünftigerweise nicht möglich. Glauben und Vertrauen sind darum die Grundlagen menschlichen Zusammenlebens.

Aus dem Gesagten ergibt sich eine erste, noch ziemlich allgemeine, weil allgemein-menschliche Definition von Glauben: Glauben heißt, aufgrund des Zeugnisses eines anderen etwas annehmen und für wahr halten.

Ein solcher Glaube ist die Voraussetzung alles Wissenschaftsfortschritts. Wenn wir im Wissen weiterkommen wollen, dann können wir nicht immer wieder von vorne anfangen. Wir müssen uns vielmehr den Erfahrungs- und Wissensschatz unserer

Vorfahren aneignen. Wir müssen uns von einem Lehrer, dem wir vertrauen und von dem wir glauben, daß er Bescheid weiß, einführen lassen, um dann selber zu erkennen, selber zu verstehen, selber weiterdenken und weiterforschen zu können. Wer lernen will, muß glauben (Aristoteles). Besonders die Geschichts- und die Rechtswissenschaft sind auf Zeugen und Zeugnisse angewiesen und kommen ohne einen solchen Glauben nicht aus. Erst recht sind wir auf Glauben in existentiell viel wichtigeren Fragen angewiesen, als es alle noch so wichtigen Probleme sind, in denen wir wissenschaftlich beweisen können. Menschliches Zusammenleben, menschliches Vertrauen, menschliche Treue und Liebe leben von solchem Glauben.

Transzendentaler Glaube

Zur rationalen Undurchdringlichkeit des Einzelnen kommt die rationale Undurchdringlichkeit des Ganzen der Wirklichkeit. Sosehr die menschliche Person je einmalig ist, ist sie doch zugleich offen auf andere Personen und letztlich auf das Ganze der Wirklichkeit. Sie ist, wie die Anthropologen sagen, „weltoffen". Im Unterschied zum Tier ist sie nicht in eine ganz bestimmte Umwelt eingepaßt, auf die sie instinktsicher reagiert. Die Umwelt des Menschen ist die Wirklichkeit insgesamt. Er ist von Natur aus zunächst heimatlos und orientierungslos in der Welt. Er muß sich seine Umwelt selbst schaffen und sich Orientierung geben. Deshalb fragt er nach dem Wohin und Woher des Lebens und der Wirklichkeit, nach Grund und Sinn des Seins; er fragt nach dem Einen und Ganzen der Wirklichkeit. Diese Frage kann man gewiß lange Zeit vergessen und verdrängen. Aber es gibt immer wieder Situationen, wo wir fragen: Wozu eigentlich das Ganze?

Diesen Sinn des Ganzen kann man nicht in Definitionen fassen; sonst müßte man ihn ja in einem nochmals umfassenderen Sinnhorizont einordnen. So ist das Ganze wie der Horizont, der alles umschließt, in den man hineinwandert und der mitwandert, den man aber nie erreicht. Es gibt daher auf die Sinnfrage des Menschen rein menschlich gesehen wesensgemäß keine abschließende Antwort. Immer, wenn wir ein Ziel erreicht haben, kommt es auch zur „Melancholie der Erfüllung" (E. Bloch), zur Einsicht, daß dieses Ziel doch nicht die endgültige Erfüllung und das vollendete Glück war. Der Mensch kann sich und sein Glücksverlangen grundsätzlich nicht einholen. Hier stehen wir vor einer letzten Aporie und vor einem letzten Geheimnis unseres Daseins. Wie immer die Antwort auf die Frage nach dem Sinn des Ganzen ausfällt, sie muß gewagt und im weitesten Sinn des Wortes geglaubt werden. Heute spricht man oft vom Urvertrauen als Grundvoraussetzung des Lebens.

Damit stehen wir wieder bei der Einsicht der antiken und patristischen Philosophie. Die letzten Voraussetzungen unseres Denkens und unseres Lebens überhaupt sind nicht beweisbar, sie müssen in einer Art Glauben vorausgesetzt werden, die dann in der Praxis des Lebens und an den Phänomenen der Wirklichkeit bewährt werden können. Der Glaube – in diesem noch nicht spezifisch christlichen, sondern allgemeinmenschlichen Sinn – ist nicht ein defizienter Modus des Wissens, kein bloßes Meinen und Vermuten, keine unaufgeklärte, naive und unkritische, leichtgläubige Annahme; er ist vielmehr der Grundakt und Grundvollzug des menschlichen Daseins. Philosophisch spricht man in diesem Zusammenhang von einem transzendentalen Glauben (B. Welte). Man meint damit, daß Glauben die Voraussetzung und Bedingung der kategorialen (d. h. auf Einzelnes bezogenen) Erkenntnis ist und diese erst ermöglicht, ohne je in einem dieser Akte aufzugehen.

Der so verstandene Glaube ist alles andere als ein ideologisch in sich geschlossener Standpunkt. Er ist vielmehr radikalste Offenheit und Entgrenztheit. Er ist Annahme des Lebens in seiner Offenheit auf Zukunft hin. Er ist jener Mut zum Sein (P. Tillich), ohne den wir gar nicht menschlich leben könnten. Er ist Glaube an das Leben und an den Sinn des Lebens. Er ist vor allem Glaube an die Freiheit. Denn weder die eigene Freiheit noch die des anderen kann man beweisen. Freiheit ist ein ewiger Glaubensartikel der Menschheit (Schelling). Wehe, wenn dieser Glaube jemals erlöschte. Die Humanität wäre dann endgültig verloren.

Vorräume des Glaubens

Sowohl das Einzelne wie das Ganze ist unserem rationalen Begreifen letztlich undurchdringlich. B. Pascal, selbst ein genialer Mathematiker, hat diese Seinslage des Menschen in der Mitte zwischen zwei Extremen eindringlich beschrieben. „Das ist unsere wirkliche Lage. Sie ist es, die uns unfähig macht, etwas gewiß zu wissen und restlos ohne Wissen zu sein. Auf einer unermeßlichen Mitte treiben wir uns dahin, immer im Ungewissen und treibend von einem Ende gegen das andere gestoßen. An welchen Grenzpfahl immer wir uns binden und halten möchten, jeder schwankt und entschwindet, und wenn wir ihm folgen, entschlüpft er unserem Griff und entgleitet uns und flieht in einer Flucht ohne Ende. Nichts hält uns zulieb an." Pascal fährt fort, der Mensch in dieser Seinslage sei sich selbst das rätselhafteste Ding der Natur, ein monstre, ein Geheimnis.

Das Geheimnis gehört einer völlig anderen Ordnung an als ein wissenschaftliches Problem. Wissenschaftliche Probleme kann man wenigstens prinzipiell sukzessiv lösen; das Geheimnis dagegen ist wesensmäßig unaufhebbar. In diesem Sinn ist der Mensch das Wesen des bleibenden Geheimnisses (K. Rahner). Er hat nicht nur Fragen; er ist sich selbst eine Frage, auf die er selbst letztlich keine Antwort weiß. Diese Geheimnishaftigkeit ist nicht etwa ein irrationaler Rest; sie ist die Voraussetzung der Rationalität. Der Mensch rührt also eben in seiner Rationalität an ein Letztes und Äußerstes, an die Dimension des Heiligen. Der Mensch überschreitet sich selbst um ein Unendliches (B. Pascal). Denn dieses heilige Geheimnis ist offensichtlich größer als der stets endliche Mensch. Es entzieht sich jedem Zugriff und Begriff. Wir können nur wie von ferne und von außen an es rühren. Sobald wir es nennen und benennen wollen, müssen wir alsbald schweigen und verstummen.

Wir mögen ahnen und hoffen, daß der letzte, alles umfassende und ermöglichende Grund nicht Finsternis und Absturz in eine gähnende Leere des Nichts ist, daß es nicht Leere sondern Fülle, nicht Finsternis sondern überhelles Licht ist, in das wir nur deshalb nicht schauen können, weil die blöden Augen unseres Geistes davon geblendet werden. Wir können für diese Hoffnung sogar Argumente anführen. Solche Argumente hat die philosophische und theologische Tradition in ihren Gottesbeweisen immer wieder zu geben versucht. Sie sind auch heute möglich, wenn man das Wort Beweis nicht in einem verengten, nur im Bereich der Mathematik möglichen Sinn versteht. Solche Argumentationen sind jedoch schwierig. Sie sind vielen Gegenfragen und Einwänden ausgesetzt, und sie bleiben am Ende theoretisch und abstrakt. Sie sind dennoch wichtig gegenüber den Gebildeten unter den Verächtern der Religion (F. Schleiermacher). Sie sollen dem Glauben sozusagen den Rücken frei halten und ihn als intellektuell möglich erweisen; positiv zu beweisen vermögen sie ihn nicht. So können sie nur das Vorfeld des Glaubens klären und Vorräume (praeambula) des Glaubens schaffen.

Solche Vorräume und Zugänge zum Glauben sind in der gegenwärtigen Situation besonders wichtig. Es gilt angesichts der Verfinsterung des Horizonts für Gott erst einmal wieder den Boden für die Frage nach Gott zu bereiten. Das ist auch deshalb wichtig, weil – was immer im folgenden über das gnadenhafte Geschenk des Glaubens noch zu sagen sein wird – der Glaube auch ein voll und ganz menschlicher Akt ist, der intellektuell redlich gesetzt und verantwortet werden will. Es gilt alle hohen Gedankengebäude niederzureißen, die sich gegen die Erkenntnis Gottes auftürmen und alles Denken gefangen zu nehmen für Christus (vgl. 2 Kor 10, 5 f).

IV
Der Vollzug und der Weg des Glaubens

Alles bisher Gesagte bewegte sich im Vorfeld. Denn wenn die Bibel vom Glauben spricht, dann tut sie das nicht in Form von allgemeinen philosophischen Überlegungen. Sie sind in dieser Ausführlichkeit erst für uns heute nötig, weil wir uns heute erst wieder mühsam den Weg zum Glauben freischaufeln müssen. Die Bibel dagegen lebt noch völlig selbstverständlich in der Welt des Religiösen. Wenn sie vom Glauben spricht, dann legt sie keine abstrakte Theorie dar, sondern sie erzählt eine konkrete Geschichte. Es ist die Geschichte von Gottes Offenbarung und der Menschen Antwort in Glaube oder Unglaube. Für die Bibel ist der Glaube keine allgemeine und vage Gläubigkeit, sondern etwas sehr Konkretes und Bestimmtes.

Das Zeugnis der Heiligen Schrift

Wichtig ist vor allem die Geschichte Abrahams, des „Vaters im Glauben". Es lebt etwa 1900 v. Chr. in Ur in Chaldäa. Plötzlich ergeht an ihn der Ruf: Weg von deinem Haus, von deiner Familie, von deinem Land, weg von deinen bisherigen Göttern, in ein Land, das ich, Gott, dir zeigen werde (Gen 12,1). Abraham kennt dieses Land gar nicht; aber er verläßt sich ganz auf die Verheißung Gottes und macht sich auf den Weg. So wird er, der Nomade, zum Nomaden des Glaubens. Die Zumutung Gottes geht noch weiter. Gott verheißt ihm zahlreiche Nachkommenschaft, so zahlreich wie der Sand am Meer (Gen 12,2). Aber Gott schenkt seiner Frau Sara keinen Sohn. Wen wundert es, daß Abraham auch einmal aufbegehrt (Gen 15,2), und daß seine Frau Sara einfach still in sich hineinlacht (Gen 18,12). Doch Abraham hofft gegen alle Hoffnung. Das Alte Testament sagt schlicht: „Abraham glaubte dem Herrn, und der Herr rechnete es ihm als Gerechtigkeit an" (Gen 15,6).

Was ist hier Glaube anderes als ein totales Sicheinlassen auf den Ruf und die Verheißung Gottes, ein Loslassen aller menschlichen Sicherungen, ein Fußfassen und Standgewinnen allein in Gottes Wort. Der Glaube ist hier eine Grundentscheidung, welche sich aus einer Umkehr gegenüber der normalen Daseinshaltung und Daseinssicherung ergibt, ein Standgewinnen außerhalb aller menschlichen Sicherungen, ein Trauen und Bauen allein auf Gott.

Was dies konkret nicht nur für den einzelnen, sondern für das ganze Volk bedeutet, wird in einer anderen Geschichte klar, die wir im 7. Kapitel des Jesajabuches lesen. Der junge und noch unerfahrene König Ahas befindet sich politisch in einer ausweglosen Situation. Eine Koalition von Kleinstaaten hat sich gegen ihn gebildet, um ihn zu zwingen, mit ihnen gegen das Großreich der Assyrer zu ziehen. Was bleibt Ahas anderes übrig, als sich entweder diesem politisch und militärisch völlig aussichtslosen Ansinnen zu fügen oder aber sich um Hilfe an die Assyrer zu wenden, sich ihnen freiwillig zu unterwerfen und damit den Bestand Israels als Gottesvolk aufzugeben mit allen nicht nur politischen sondern auch religiösen Folgen. Man kann verstehen, daß das Herz des Königs und des Volkes zitterte, wie die Bäume des Waldes im Wind zittern.

In dieser Situation trifft ihn der Prophet Jesaja an der Walkerfeldstraße. Er schleudert ihm nur dies eine entgegen: „Glaubt ihr nicht, so bleibt ihr nicht" (Jes 7,9). Für den ja gar nicht so unpolitisch denkenden Propheten ist solcher Glaube kein Ersatz für eine vernünftige und verantwortliche Politik; aber jede Politik ist für ihn letztlich unvernünftig und unverantwortlich, wenn sie um vordergründiger und kurzfristiger Opportunitätserwägungen willen Gott und seine Ordnung hintanstellt. Auch im öffentlichen Bereich gibt allein der Glaube letzten Halt.

So bedeutet Glauben im Sinn des Alten Testaments ein Festwerden und Zuversichtgewinnen in Gott, das alle Angst verscheucht und so erst rationales Handeln ermöglicht. „Wer glaubt, wird nicht weichen" (Jes 28,16). Wer glaubt, der weiß: „Nur in Umkehr und Ruhe liegt eure Rettung, nur Stille und Vertrauen verleihen euch Kraft" (Jes 30,15). Der Prophet Habakuk faßt zusammen, indem er sagt, daß der Gerechte wegen seines Glaubens am Leben bleibt (Hab 2,4). Nach biblischem Verständnis ist der Glaube also der Grundakt, ja die Grundbefindlichkeit des Menschen vor Gott, sein grundsätzliches Stand- und Haltgewinnen in Gott, sein Leben vor, aus und in Gott. Solcher Glaube äußert sich in radikaler Umkehr, in Zuversicht und Geduld, in innerer Ruhe und innerem Frieden, in Freiheit und Gerechtigkeit. Solcher Glaube, für den Gott Halt und Inhalt ist, ist das Leben des Menschen.

Martin Buber hat in seiner bekannten Schrift „Zwei Glaubensweisen" dieses Glaubensverständnis des Alten Testaments in Gegensatz bringen wollen zum Glaubensverständnis des Neuen Testaments. Er hat die These aufgestellt, daß Glauben im Alten Testament ein das ganze Sein des Menschen betreffendes Vertrauen auf Gott ist, während im Neuen Testament daraus ein bloßes Fürwahrhalten wird. Aus dem absolut gebrauchten Wort „glauben" wird ein „glauben an".

In der Tat ist der Glaube im Neuen Testament ganz wesentlich „Glaube an Jesus Christus". Dennoch sind sich heute die Alt- und Neutestamentler weitgehend darin einig, daß die von Buber gemachte Unterscheidung so nicht zutrifft. Denn auch der Vertrauensglaube des Alten Testaments setzt ein Hören auf Gott und ein Akzeptieren seiner Botschaft und Verheißung voraus. So findet sich schon in der Genesis und im Buch Exodus an verschiedenen Stellen das, was Buber den „Daß-Glaube" nennt (Gen 45,26; Ex 1,5.8.9.31). Solche Stellen nehmen vor allem in der späteren Zeit zu; Glauben und Erkennen rücken immer mehr zusammen (Jes 43,10; 53,1). Umgekehrt kennt selbstverständlich auch das Neue Testament, besonders Jesus selbst, aber auch Paulus, den Glauben als umfassende Existenz- und Lebenshaltung des Christen. Dieses umfassende Glaubensverständnis begegnet uns vor allem in den Wundererzählungen der Evangelien: „Glaube nur"; „dein Glaube hat dir geholfen" (Mk 5,34.36 u.a.).

Dieser als Grundhaltung verstandene Glaube ist freilich nur möglich als Antwort auf die Erfahrung der Treue, des Erbarmens und der Liebe Gottes, wie sie uns zusammenfassend und endgültig in Jesus Christus, in seinem Leben, seinem Sterben und seiner Auferweckung offenbar geworden sind. So weiß sich der als Akt verstandene Glaube von der Offenbarung und ihrem Inhalt getragen und ermöglicht. Der als Akt verstandene Glaube setzt den Glauben an Jesus Christus voraus und schließt ihn ein. Glaubensakt und Glaubensinhalt gehören also sowohl für das Alte wie für das Neue Testament unlösbar zusammen.

Einheit von Glaubensakt und Glaubensinhalt

Aufgrund des bisher Gesagten können wir sagen: Sowenig der Glaube ein bloßes Fürwahrhalten von Texten oder Dogmen ist, sowenig ist er eine inhaltslose oder gegenüber möglichen Inhalten indifferente Gläubigkeit. Er ist für das Neue Testament das entschiedene, alles bestimmende Sicheinlassen des Menschen auf den Gott, der sich in Jesus Christus endgültig als Gott der Menschen geoffenbart hat. Vor allem für Johannes ist die Erkenntnis Gottes und Jesu Christi ein Strukturmoment des echten Glaubens. Im 4. Evangelium sind glauben und Christus aufnehmen oder zu Jesus kommen weithin synonyme Ausdrucksweisen (5,40; 6,35.37.44f.65; 7,37). In anderen neutestamentlichen Schriften kommt das Wort Glaube nicht umsonst im Kontext urchristlicher Missionsterminologie vor. Der Glaube ist hier terminus technicus für die Antwort auf die Verkündigung des Evangeliums; er kommt vom Hören und ist deshalb Gehorsam gegenüber dem Wort der Verkündigung als der guten Nachricht von Gottes Heilshandeln in Jesus Christus (Röm 10,17). Schon im späteren Neuen Testament kann darum der Glaube auch als Lehre entfaltet werden. Ja, diese Lehre wird schon neutestamentlich in festen Formeln weitergegeben, verbunden mit der Mahnung, an dieser ein für allemal überlieferten Lehre des Glaubens getreu festzuhalten. Damit ist der Weg frei für den Gebrauch bei den frühen Kirchenvätern und den frühen Konzilien; sie bezeichnen mit „Pistis" (Glaube) die Glaubensverkündigung und Glaubenslehre der Kirche.

Im Hebräerbrief faßt das Neue Testament beide Aspekte, den personal-akthaften des Feststehens in der Hoffnung auf Gott und das Erkennen und Überzeugtsein von unsichtbaren, nicht feststellbaren Wirklichkeiten zusammen: „Glaube aber ist: Feststehen in dem, was man erhofft, Überzeugtsein von Dingen, die man nicht sieht" (Hebr 11,1).

Es war dem bedeutendsten Kirchenvater des Westens, dem hl. Augustinus, vorbehalten, den vielfältigen biblischen Befund klar auf den Begriff zu bringen. Augustinus unterscheidet nämlich einen doppelten Gebrauch des Begriffs Glauben; er unterscheidet zwischen dem Glaubensinhalt (fides quae creditur) und dem Glaubensakt (fides qua creditur). Diese Unterscheidung wurde grundlegend für die ganze spätere Tradition. Sie darf freilich nicht als Scheidung aufgefaßt werden. Der Glaube ist jeweils zugleich Glaubensakt und Glaubensinhalt. Man hat den Inhalt nur im lebendigen Vollzug; der lebendige Vollzug umgekehrt ist immer auf den Inhalt bezogen, vom Inhalt getragen und durchseelt. Glaubensakt und Glaubensinhalt bilden ein unteilbares Ganzes. So lehrt es auch das II. Vatikanum, wenn es den Glauben beschreibt als ganzheitliche personale Selbstüberantwortung (Glaubensakt) an den sich in Wort und Tat, zusammenfassend in Jesus Christus offenbarenden Gott (Glaubensinhalt).

Dieses Ergebnis ist von weitreichender Bedeutung für die heutigen Probleme der Glaubensvermittlung. Es macht nochmals deutlich, daß das eigentliche Problem tiefer sitzt als in einem oft erschreckenden Mangel an inhaltlichem Glaubenswissen. Glaubens- und Katechismuswissen sind, gerade in der gegenwärtigen Situation, keineswegs gering zu achten und zu vernachlässigen. Sie können aber nur dann angemessen vermittelt und rezipiert werden, wenn es gelingt, die grundlegenden Glaubenshaltungen wieder neu zu wecken.

Grundhaltungen des Glaubens

Betrachten wir deshalb zunächst den Glaubensakt im einzelnen. In der Scholastik und Neuscholastik gab es einen langen und erbitterten Streit darüber, ob der Glaube ein Akt des Verstandes oder des Willens sei. Die meisten Neuscholastiker bestimmten im Anschluß an Thomas von Aquin den Glauben primär als einen Akt des Verstandes. Entsprechend wurde der Glaube primär als Für-wahr-halte-Glaube bestimmt. Anders der Neuprotestantismus; er bestimmte, allen voran F. Schleiermacher, den Glauben als Akt des Gefühls. Die katholischen Modernisten griffen diese Bestimmung auf. Sie ist heute dort wieder aktuell, wo der Akzent einseitig auf die persönliche Glaubenserfahrung gelegt wird. Von der Bibel her betrachtet, sind alle genannten Lösungen einseitig. Für die Bibel ist der Glaube ein Akt des ganzen Menschen. Er ist weder nur ein verstandesmäßiges Fürwahrhalten von Glaubenswahrheiten noch eine bloße Willensentscheidung und schon gar nicht nur ein inhaltsloses Gefühl. Im Akt des Glaubens kommen alle Seelenkräfte, Verstand, Wille und Gefühl zusammen. Der Glaubensakt ist eine ganzheitliche, alle Kräfte des Menschen, den Verstand, den Willen und das Gefühl umfassende Daseinshaltung. Er bedeutet das Sichfestmachen in Gott, das Gründen der ganzen Existenz in Gott.

Die erste grundlegende Haltung des Glaubens ist das Hören und Vernehmen, das Sichöffnen und das Empfangen. Den Glauben kann man nicht machen und nicht leisten; man muß ihn vernehmen und empfangen. Nur ein Mensch, der offen ist und sich öffnet für das ganz andere und das Neue des Geheimnisses Gottes, nur ein Mensch, der nicht einfach fertig ist mit seinen Ansichten und Einstellungen, kann zum Glauben kommen. – So ist der Glaube zum zweiten mit der Umkehr gegenüber den gewohnten Sicht- und Handlungsweisen verbunden. Glaube gibt es nicht ohne das Loslassen alter Sicherheiten, nicht ohne Umkehr und Bekehrung. Das kann ein sehr schmerzlicher Prozeß sein; es kann das Abschiednehmen von liebgewonnenen Vorstellungen und die Bereitschaft zu Widerspruch und Konflikt bedeuten. Wer glaubt, der trommelt nicht einfach mit im Takt der Welt, der heult nicht mit den Wölfen und pfeift nicht nach, was ohnedies die Spatzen von den Dächern pfeifen. – Damit gehört zum Glauben drittens die Haltung der Hoffnung, das hochgemute Sichausstrecken nach dem Neuen. Der Glaube ist also ein Weg, den man gehen muß, ein Festhalten und Sichgründen auf dem, was man noch nicht hat; er ist die Hochgemutheit dessen, der auf das Ganze geht und deshalb dem kleinmütigen Spießer widerspricht.

Solche Umkehr und solches hoffende Sicheinlassen auf Gott und sein Wort ist viertens nur möglich in einem Akt des Vertrauens. Das erste Wort des Glaubens ist deshalb nicht: „Ich glaube, daß ...", sondern: „Ich glaube dir." Die im Vertrauen angenommene Liebe Gottes kann der Glaubende nicht anders als wieder mit Liebe beantworten. Der Glaube ist gewissermaßen eine Liebeserklärung an Gott. Die Anrede durch Gott führt daher notwendigerweise zur Anrede an Gott. Das Gebet ist so die wichtigste Ausdrucksgestalt des Glaubens. Ja, ohne Gebet geht dem Glauben die Luft aus; ein Glaube ohne Gebet ist nicht möglich.

Die Liebe, das ist fünftens zu sagen, wird notwendig zur Tat. Weil der Glaubende sich von Gott angenommen weiß, kann er auch sich, die anderen und die Welt neu annehmen. In diesem Sinn sagt die Schrift, daß der Glaube ohne Werke der Liebe tot sei (Jak 2,17). Der Glaube darf also kein Lippenbekenntnis bleiben; er muß sich bewähren im konkreten Dienst für den Nächsten; er muß Früchte des Geistes erbringen: Liebe, Freude, Friede, Langmut, Freundlichkeit, Güte, Treue, Sanftmut und Selbstbeherrschung (Gal 5,22f). Der Glaubende muß sich einsetzen für Menschenwürde, für Gerechtigkeit, Freiheit und Frieden; er muß, soweit es an ihm ist, das Leben und die Welt verwandeln. Letztlich freilich ist der Glaube nicht Aktion und schon gar nicht Aktionismus, sondern Ruhe und Friede in Gott. Er bewährt sich in Geduld und in Gelassenheit. Er kann sich, um mit Paulus und mit Ignatius von Loyola zu sprechen, in alles schicken; es geht ihm nur um eines: daß Gott in allem verherrlicht werde.

Der Glaube als Weg

Viele Christen tun sich heute schwer mit solchen Beschreibungen des christlichen Glaubens. Sie erfahren ihren Glauben sehr oft als fragenden und suchenden

Glauben, und sie haben Schwierigkeiten mit manchen Wahrheiten des Glaubens. Sie werden angefochten von Fragen, die ihnen das Leben und die Wirklichkeit aufgeben. Man darf ein solches Suchen und Fragen, wenn es für die Erkenntnis der Wahrheit demütig offen ist, nicht mit einer selbstherrlichen und hartnäckigen Verweigerung oder einem unentschiedenen Aufschieben der Glaubensentscheidung, dem eigentlichen Glaubenszweifel, verwechseln. Die Zustimmung zur erkannten Wahrheit halbherzig offen zu lassen, ist sicherlich verwerflich. Aber fragend offen zu sein für die Erkenntnis oder die volle Erkenntnis der Wahrheit ist davon grundsätzlich zu unterscheiden.

Das ehrliche und gewissenhafte Suchen nach der Wahrheit ist sogar eine innere Möglichkeit des Glaubens. Der Glaube gehört ja zur Pilgersituation des Menschen, und er richtet sich auf den je größeren Gott. Das schließt jedes selbstsichere und arrogante Sichsperren gegen Fragen und Probleme als gegen die innere Dynamik des Glaubens gerichtet aus; dies wäre kein besonders vollkommener Glaube, sondern eine Zerrform des wahren Glaubens, mangelnde Bereitschaft zum Lernen und fehlende Offenheit gegenüber dem je größeren Geheimnis Gottes. So ist der Glaube kein fixer und unbeweglicher Standpunkt, sondern ein Weg. Es gibt deshalb nicht nur den Weg zum Glauben hin, sondern auch einen Weg im Glauben selbst. Auch im Glauben gilt das Gesetz der Schritte.

Der Apostel Paulus spricht von einem Wachstum im Glauben (2 Kor 10,15). Der Glaube steht unter dem Gesetz alles Lebendigen: er will wachsen. Stillstand wäre auch im Glauben ein Rückschritt, der zur Verkümmerung und schließlich zum Ersterben des Glaubens führen würde. Deshalb haben die Meister des geistlichen Lebens aus dem Schatz ihrer eigenen Glaubenserfahrung schon immer Ratschläge erteilt, wie man den Glauben hegen und pflegen kann, damit er in uns tiefe Wurzeln schlägt und reiche Früchte bringt.

Sicherlich gehört zum Wachstum des Glaubens das Studium des Glaubens, besonders das Lesen und Meditieren der Heiligen Schrift. Man kann nicht lieben, was man nicht kennt. Umgekehrt wird eine vertiefte Kenntnis der Reichtümer des Glaubens die Freude am Glauben und die Freude im Glauben stärken. Sie wird auch helfen, den Einwänden gegen den Glauben zu begegnen und sich nicht von ihnen verunsichern zu lassen. So ist nicht der uninformierte Köhlerglaube das Ideal, sondern der informierte und gebildete Glaube. Es ist ja der Glaube selbst, der nach dem Verstehen sucht und nach innerer Einsicht in das Geglaubte strebt.

Mehr noch trägt die Praxis, der bewußte Vollzug des Glaubens zur Befestigung und zum Wachstum des Glaubens bei. Früher empfahl man, den Akt des Glaubens regelmäßig immer wieder zu erwecken und bewußt zu setzen. Wo solche Erinnerung und Verinnerlichung nicht geschieht, da schläft der Glaube ein, um schließlich zu ersterben. So braucht der Glaube Zeiten und Räume der Stille und der Besinnung; er braucht aber ebenso eine gewisse Regelmäßigkeit und

Ordnung. Die Selbstaussprache des Glaubens geschieht freilich nicht nur in der Stille und in der Innerlichkeit des Herzens; sie geschieht ebenso im Gespräch und im Austausch mit anderen sowie im Zeugnis des Glaubens vor anderen. Erst in der Sprache und Aussprache nehmen unsere Gedanken und Entscheidungen ja ihre definitive Form an; erst im Tun des Glaubens gewinnt dieser Gestalt.

Endlich gibt es kein Leben und erst recht kein Wachstum im Glauben ohne die Hinwendung zu Gott und die Aussprache mit ihm im privaten wie im gemeinsamen Gebet. Da sich der Akt des Glaubens letztlich ganz und allein auf Gott richtet, ist das Gebet sogar die Seele und der Atem des Glaubens. Ohne das Gebet fehlt dem Glauben die Nahrung; ohne Gebet leidet er an Frischluftzufuhr, so daß er erstickt. Dabei werden wir im Gebet auch immer wieder neu um die Gabe und die Kraft des Heiligen Geistes selbst bitten müssen. Denn letztlich ist der Glaube wie das Wachstum im Glauben reines Geschenk und reine Gnade.

Viele Heilige haben diesen Weg des Glaubens eingehend beschrieben. Sie haben dabei deutlich gemacht, daß dies keine breite und bequeme Straße ist, sondern ein enger und steiler Weg (Mt 7, 13 f). Es ist ein Weg der Reinigung und der ständigen Umkehr, des oft schmerzlichen Abschiednehmens und mutigen Neuanfangens. Dieser Weg wird, das ist die übereinstimmende Erfahrung aller Heiligen, immer auch durch die Wüste der inneren Trockenheit führen. Wer immer nur nach Erlebnissen sucht, hängt noch viel zu sehr an sich und hat noch nicht zur Selbstlosigkeit der

Liebe, die im Glauben wurzelt, gefunden. So ist die Wüstenerfahrung sogar grundlegend für das Wachstum im Glauben. Der Weg im Glauben ist schließlich ein Weg in Geduld und täglicher Treue. Außerordentliche Erfahrungen mögen da und dort hinzukommen; das wahrhaft Außerordentliche besteht darin, das Ordentliche mit außerordentlicher Treue zu tun. Nur so ist ein langsamer Aufstieg und immer tiefere Einsicht und Erleuchtung im Glauben möglich, bis es zur inneren Ruhe und zum inneren Frieden in Gott kommt.

Solcher Glaube in Hoffnung und Liebe ist ein langer, ein lebenslanger Weg. Es ist der Weg der Nachfolge Jesu Christi, welcher zugleich der alles umfassende Inhalt des Glaubens ist.

V
Die Wahrheit des Glaubens

Alles über den christlichen Glauben Gesagte mag noch so schön klingen, es hängt in der Luft, wenn wir uns nicht auch Rechenschaft geben über den Grund des Glaubens. Damit ist die Frage gemeint: Worauf gründet unser Glaube? Worauf baut er? Was gibt ihm seine Gewißheit? Wie können wir folglich Rechenschaft (apologia) geben von unserer Hoffnung, Rechenschaft vor uns selber und vor den anderen (1 Petr 3,15)? Wie steht es um die Wahrheit des christlichen Glaubens?

Gottes offenbare Wahrheit als Grund des Glaubens

Solche Rechenschaft setzt eine gemeinsame Basis für die Verständigung voraus. Was aber kann eine solche Basis anderes sein und was anderes ist allen gemeinsam, wenn nicht unsere menschliche Vernunft? Sie wird im Glauben – wie wir gesehen haben – vorausgesetzt. Für den modernen Rationalismus ist die menschliche ratio freilich nicht nur ein empfangendes Organ und insofern Voraussetzung für den Glauben; sie ist darüberhinaus der Horizont und Rahmen ja das Kriterium auch für die Glaubenserkenntnis. So muß der Glaube für den Rationalismus nicht nur wie für die christliche Tradition vernunftgemäß sein; er muß sich auch vor der Vernunft rechtfertigen und vernünftig begründen lassen. Damit kommt es zu einer „Religion innerhalb der Grenzen der bloßen Vernunft" (Kant). In unserem Jahrhundert wurden die intellektualistischen Grenzen dieser Position gesprengt. Ihr Argumentationsduktus ist jedoch nach wie vor wirksam. Das gilt vor allem dann, wenn Glaubensaussagen nur deshalb oder nur insoweit zugelassen, weil oder insofern sie in ein vorgegebenes anthropologisches oder soziologisches Schema passen, oder weil sonstwie – sei es als Mittel für Ruhe und Ordnung, sei es als Transmissionsriemen für Weltveränderung – brauchbar sind.

Eine solche Glaubensbegründung hebt die Grundhaltung des Glaubens in Wirklichkeit auf. Im Glauben verlassen wir uns nicht in sublimer Weise nochmals auf unsere menschliche Einsicht, unsere menschlichen Maßstäbe und Interessen. Glauben heißt, so sagten wir, auf Gott trauen und bauen. Wer glaubt, der gibt seine menschlichen Sicherheiten und Sicherungen auf; er setzt auf etwas, was außerhalb seiner ist und was unendlich gewisser ist als alle unsere menschlichen Gewißheiten. Der letzte Grund des Glaubens ist Gott selbst, seine geoffenbarte Wahrheit und Treue; seine Verläßlichkeit ist die Verläßlichkeit unseres Glaubens. Das hebräische Wort für glauben heißt nicht umsonst aman, d.h. fest, sicher, gewiß sein. Wir kennen dieses Wort bis heute vom Amen in der Sprache der Liturgie. Glauben, so könnten wir sagen, heißt also Amen-Sagen zu Gott mit allen Konsequenzen (G. Ebeling).

Das I. Vatikanische Konzil hat deshalb gegen den Rationalismus erklärt: Wir glauben, daß das von Gott Geoffenbarte wahr ist, „nicht weil wir die innere Wahrheit der Dinge mit dem natürlichen Licht der Vernunft durchschauten, sondern auf die Autorität des offenbarenden Gottes selbst hin". Die offenbare Wahrheit Gottes ist demnach der letzte Grund des Glaubens. Die Gewißheit des sich auf Gott und nicht auf die menschliche Vernunft gründenden Glaubens ist freilich nicht geringer als die des Wissens; sie ist vielmehr weit größer; sie ist, wie die theologische Tradition sagt, über alles fest. „In te Domine speravi, non confundar in aeternum." „Auf dich, Herr, hab' ich gehofft; in Ewigkeit werde ich nicht zu Schanden werden."

Mit der biblischen und dogmatischen These, daß Gott selbst der Grund des Glaubens ist, ist freilich das theologische Problem noch keineswegs gelöst; es ist im Gegenteil mit dem Gesagten erst gestellt. Die Frage ist nämlich, wie wir der Wahrheit Gottes inne werden. Bewegen wir uns mit der genannten biblischen und dogmatischen Aussage nicht in einem Zirkel? Setzen wir mit unserer Aussage also nicht voraus, was erst zu begründen ist? Denn wenn wir sagen, Gott sei der Grund des Glaubens an Gott, dann ist das eine solche Aussage, ja selbst Inhalt des Glaubens. Begründet sich also am Ende der Glaube selbst?

Die Augen des Glaubens

Schon Augustinus hat mit diesem Problem gerungen. Die Schwierigkeit, sagt Augustinus, ist so groß, daß nur Gott selbst sie lösen kann. Er löst sie, indem er uns den Glauben schenkt. Wir könnten ja – so Augustinus – nicht einmal suchend nach dem Glauben fragen, wenn Gott nicht von vorneherein unserem Suchen zur Hilfe käme. Diese Antwort klingt zunächst wie eine Verlegenheitslösung; Gott scheint wie ein deus ex machina ins Feld geführt zu werden.

In Wirklichkeit ist das Argument Augustins gar nicht so naiv, wie es zunächst scheint. Denn eine Letztbegründung, um die es hier ja geht, kann eben nicht nochmals durch eine höhere Begründung begründet werden. Wenn ich also an Gott als dem letzten Grund aller Wirklichkeit glaube, dann kann dieser Glaube selbst nicht nochmals einen höheren Grund haben. Die Alternative, vor der wir stehen, ist darum, ob sich der Mensch selbst eine Letztbegründung geben kann, oder ob er sich vor einem letzten und absoluten Grund, der nur Gott sein kann, beugt und ihn anerkennt. Wenn er dies tut, dann deshalb weil ihm Gott als Wahrheit und d. h. als Licht des Lebens aufgegangen ist.

Die Anerkenntnis Gottes ist also kein blindes Wagnis; sie ist vielmehr erleuchtet vom Licht der dem Menschen einleuchtenden Wahrheit Gottes. In diesem Sinn sprechen Augustinus und die gesamte Tradition vom Glaubenslicht (lumen fidei) und von der den Menschen erleuchtenden Glaubensgnade. Immer wieder zitieren sie den Psalmvers: „In deinem Licht schauen wir das Licht" (Ps 35, 10). P. Rousselot hat von den vom Licht der Gnade erleuchteten Augen des Glaubens gesprochen.

Diese Antwort ist biblisch gut begründet. Jesus selbst macht deutlich, daß „die draußen sind" zwar seine Gleichnisse hören, aber sie nicht verstehen. Allein den Jüngern ist das Geheimnis des Reiches Gottes „gegeben" (Mk 4, 11 f). Deshalb wird dem Petrus nach seinem Bekenntnis zu Jesus als dem Messias und dem Sohn Gottes gesagt: „... nicht Fleisch und Blut haben dir das offenbart, sondern mein Vater im Himmel" (Mt 16,817). Nach Paulus hat kein Auge gesehen und kein Ohr gehört, was Gott denen bereitet hat, die ihn lieben. Allein der Geist Gottes, der die Tiefen Gottes ergründet, erschließt es unserem Geist. So vermag allein der geisterfüllte Mensch alles zu beurteilen (1 Kor 2, 9 f. 15). Der Epheserbrief spricht darum von den erleuchteten Augen des Herzens (Eph 1, 18), und das Johannesevangelium sagt lapidar: „Niemand kann zu mir kommen, wenn nicht der Vater, der mich gesandt hat, ihn zieht" (Joh 6, 44).

Gott selbst erweist sich also im Glauben als „anziehend", als faszinierend und überzeugend. Im Glauben geht dem Menschen sozusagen ein Licht auf, in dem alles andere neu, besser und tiefer gesehen werden kann. Insofern ist der Glaube eine Erschließungserfahrung eigener Art, er ist das Geschenk eines neuen Sehvermögens, welches seine Evidenz in sich selbst hat.

Analyse des Glaubens?

Doch mit diesen Antworten ist das Fragen noch nicht am Ende. Wenn es stimmt, *daß* die Glaubensgewißheit als Letztgewißheit nicht aus einer noch höheren Gewißheit ableitbar sein kann, und wenn es also stimmt, *daß* Gott als die Wahrheit und der Grund des Glaubens nur durch sich selbst evident werden kann, dann erhebt sich noch immer die Frage, *wie* wir dieses erleuchtenden und einleuchtenden Lichtes der Wahrheit inne werden. *Wie* erfaßt der Gläubige unmittelbar die Wahrheit Gottes als letzten Grund seines Glaubens?

Man nennt diese Fragestellung die „Analysis fidei", die Glaubensanalyse, weil sie den Glaubensakt auf seinen letzten tragenden Grund hin analysiert. Vor allem die Theologen des 17.–19. Jahrhunderts haben über diese Fragen äußerst subtile Erörterungen angestellt. Sie sind dabei freilich zu keinem einheitlichen, alle befriedigenden Ergebnis gekommen. Im Gegenteil, J. Kleutgen hat diese Frage als „das Kreuz und die Folter der Gottesgelehrten" bezeichnet. Sicherlich handelt es sich um eine der schwierigsten Fragen der ganzen Theologie. Es handelt sich um *das* Grundlagenproblem der Theologie.

Wir wollen und können nicht alle die scharf- und feinsinnigen Antworten der Theologen des 17.–19. Jahrhunderts behandeln und auf die Schulunterschiede zwischen Suarez, de Lugo, Billot u. a. eingehen. Sie sind ohnedies nicht voll befriedigend und überzeugend. Sie stehen nämlich in der Gefahr, die

Glaubensentscheidung zum Ergebnis einer Art logischer Schlußfolgerung zu machen. Das aber ist, wo es um die letzte Voraussetzung geht, von vornherein nicht möglich. Hier liegt die Grenze jeder rein logischen Analyse des Glaubens. Deshalb greift die Theologie heute im allgemeinen wieder auf Thomas von Aquin zurück und sucht seine Ansätze weiter zu entfalten.

Wer glaubt, sieht mehr

Thomas geht davon aus, daß der Mensch im Grunde von Natur aus ein nach Gott fragender und suchender ist. Der Mensch fragt ja – wie wir gesehen haben – nach dem Ganzen der Wirklichkeit und nach deren letztem Grund und Ziel. So greift er in jedem Akt des Erkennens und Wollens auf Gott als Grund und Ziel aller Wirklichkeit voraus. Davon hat der Mensch freilich nur eine globale und undeutliche Erkenntnis. Der Mensch kann diesen Vorgriff nie ganz auf den Begriff bringen. So ist er immer unerfüllt; er hat eine geradezu unersättliche Dynamik über sich hinaus. Zur Erfüllung kommt er erst, wenn er Gott in der ewigen Schau von Angesicht zu Angesicht begegnet. Sie ist der Inbegriff der menschlichen Erfüllung. Der Glaube an Gott ist nach Thomas eine gewisse Antizipation dieses Ziels; in ihm macht sich der Mensch schon jetzt auf den Weg zu Gott, um ihm in Liebe anzuhängen. Diese Vorwegnahme geschieht noch nicht unmittelbar von Angesicht zu Angesicht, sondern vermittelt durch die äußere Offenbarung.

Die natürliche Vernunft kann in den äußeren Offenbarungszeichen Spuren, Hinweise, Anhaltspunkte oder wie man später sagte: Glaubwürdigkeitsgründe für den Glauben erkennen. Um in ihnen mit letzter Gewißheit Offenbarungen Gottes zu erkennen, reicht die natürliche Erkenntnis freilich nicht aus. Dazu bedarf es eines der Wirklichkeit Gottes „kongenialen" Erkenntnismittels: das Licht des Glaubens. Allein mit den Augen des Glaubens können wir in den äußeren Offenbarungsgestalten mit Gewißheit Gottes Wahrheit erkennen.

Auf die Wahrheit, die Gott selbst ist, hofft der Mensch sozusagen mit allen Fasern seines Herzens; nach ihr hält er Ausschau, ohne sie jemals von sich aus erreichen zu können. Das Licht des Glaubens, das uns in den äußeren Offenbarungsformen Gottes Wahrheit erkennen läßt, ist darum die endgültige Wahrheit über uns selbst. Es ist nichts, das uns fremd wäre, kein äußerer Zusatz zum Licht der Vernunft, sondern dessen letzte Erfüllung; es ist das Heil des Menschen. Das einleuchtende Licht Gottes ist keine Verdunkelung der Vernunft, sondern im Gegenteil deren Erleuchtung. Das Gnadenlicht knüpft an der natürlichen Frage nach Gott, an der dem Menschen einwohnenden Idee Gottes an, um sie zu ihrer aus den Kräften der Vernunft allein nicht möglichen Erfüllung, Vollendung und Bestimmung zu bringen. So geht dem Menschen im Glaubenslicht gleichsam intuitiv die Wahrheit Gottes als Wahrheit über sich selbst in einleuchtender, überzeugender und verpflichtender Weise auf.

An dieser genialen Lehre des Thomas von Aquin knüpfte die neuere Theologie an. Sie führt sie, oft im Anschluß an Kardinal J. H. Newmans „Grammar of assent" (Zustimmungslehre), zugleich weiter. Schon früh ging Newman auf, daß wir zwar in der Mathematik durch strenge Beweisführung zur Gewißheit geführt werden, daß aber die Wahrscheinlichkeit die Führerin durchs Leben ist. So können die einzelnen Glaubwürdigkeitsgründe den Glauben nicht beweisen; auch ihre Häufung und ihre Konvergenz geben keine logische Gewißheit. Sie geben aber doch eine Wahrscheinlichkeit und eine geistige Sicherheit, aufgrund derer die Entscheidung zum Glauben menschlich möglich, intellektuell verantwortlich und moralisch verpflichtend wird. Zur eigentlichen, über alles sicheren Glaubensgewißheit kommt es aber erst, wenn man diese Konvergenzargumentation im gnadenhaften Licht des Glaubens betrachtet.

J. H. Newman erläutert diese These durch verschiedene Vergleiche. Er verweist etwa auf die Arbeit eines Archäologen. Dieser hat zunächst nur vereinzelte Funde von Mauern, Münzen, Inschriften und vielleicht dazugehörige literarische Zeugnisse. Aufgrund solcher oft spärlichen Zeugnisse rekonstruiert er, nicht ohne ein Moment der Intuition und Imagination, ein ganzes Bauwerk, ja oft sogar eine ganze kulturelle Epoche. Eine solche Intuition läßt die einzelnen Funde erst wirklich verstehen. Newman verweist auch auf die Diagnose eines Arztes. Dieser hat zunächst nur bestimmte Krankheitssymptome vor sich; aber aufgrund eines ärztlichen „Blicks" erkennt er in diesen Symptomen die Krankheitsursache. Damit deutet er wiederum die Symptome. Man kann auch auf das schöne Wort des Thomas von Aquin verweisen: „Ubi amor ibi oculus" („Wo Liebe ist, da ist auch ein Auge"). Wahre Liebe macht nicht blind, sondern sehend; sie erst erschließt eine andere Person in ihrer Glaub- und Liebenswürdigkeit. Ähnlich verhält es sich mit dem Licht des Glaubens. Es läßt uns die Wirklichkeit erst in ihrer ganzen Höhe und Tiefe erkennen. Wer glaubt, sieht mehr!

Glaubhaft ist nur Liebe

Hans Urs von Balthasar hat über das bisher Gesagte nochmals einen wesentlichen Schritt hinausgeführt. In seinem sechsbändigen Werk „Herrlichkeit" entwickelt er eine ganze christliche Wahrnehmungslehre. Er zeigt, daß man sich das Glaubenslicht und die Glaubensgnade nicht als etwas vorzustellen braucht, was unabhängig vom Glaubensinhalt oder neben dem Glaubensinhalt „senkrecht von oben" in den Glaubenden einfließt und ihn erleuchtet. Vielmehr bringt der Glaubensgegenstand, konkret: Jesus Christus, das Licht und den Geist, in dem er glaubend erkannt werden kann, mit sich. Das Licht des Glaubens strahlt in Jesus Christus und in dessen Vermittlung durch die Kirche auf. Der Apostel Paulus sagt, daß wir zur Erkenntnis des göttlichen Glanzes auf dem Antlitz

Christi erleuchtet werden (2 Kor 4,6). Jesus Christus bezeugt und imponiert sich selbst. Deshalb spricht Balthasar nicht nur von subjektiver, sondern von objektiver Evidenz. Es ist die Evidenz der Offenbarungsgestalt selbst.

Balthasar bringt seine Lösung auf die Formel: „Glaubhaft ist nur Liebe". Liebe kann man nicht beweisen, sie macht sich selbst glaubwürdig. So überzeugt die in Jesus Christus erschienene Liebe Gottes den Menschen und schenkt ihm eine Gewißheit eigener Art. Konkret vermittelt wird uns Jesus Christus durch die Kirche, durch ihr Wort und ihre Sakramente (Liturgie) und – was Balthasar besonders wichtig ist – durch die repräsentativen Vertreter der Kirche. Das sind nicht in erster Linie ihre amtlichen Vertreter, sondern die Heiligen. In ihnen leuchtet das Licht und die Liebe Gottes in der Welt auf. Sie geben der Verkündigung des Glaubens Kraft; sie können überzeugen. Denn die Liebe ist der Sinn des Seins.

Was also ist der Grund und die Wahrheit des Glaubens? Etwas, was alles Erkennen übersteigt und doch alles Erkennen erleuchtet, ihm Höhe und Tiefe, Weite und Perspektive gibt: das Licht, das schon vom Anfang der Schöpfung an in der Welt leuchtet und das in Jesus Christus endgültig aufgestrahlt ist, Gottes offenbare Liebe selbst (vgl. Joh 1,1–14). Sie ist es, welche letztlich allein überzeugt. Sie ist die Wahrheit, welche frei macht (Joh 8,32).

VI
Die wirklichkeitserschließende und wirklichkeitsverändernde Kraft des Glaubens

Wer wissen will, muß glauben. Von dieser Grundüberzeugung eines Origenes und Augustinus sind wir ausgegangen. Sie ist heute erneut aktuell. Sie besagt: Wer glaubt, sieht mehr. Wahrer Glaube macht ebenso wie wahre Liebe nicht blind, sondern sehend. Nun gilt es, diese These nicht nur formal zu behaupten und zu begründen, sondern auch material und inhaltlich zu verfizieren. Die Frage, der wir uns nun zuwenden, lautet: Was läßt der Glaube sehen? Wie erschließt er uns die Wirklichkeit? Welches ist die sich im Glauben erfaßbare Wirklichkeit?

Wenn wir so fragen, geht es uns hier nicht darum, dogmatisch die einzelnen Inhalte des Glaubens zu entfalten. Wir fragen nicht eigentlich dogmatisch, sondern gewissermaßen fundamentaltheologisch; wir fragen nicht nach der Wirklichkeit des Glaubens in sich, sondern nach der die Wirklichkeit erschließenden Kraft des Glaubens. Dabei begrenzen wir uns bewußt auf drei Aspekte: die Welt als Schöpfung, das Problem des Bösen und die Botschaft von der Erlösung.

Welt als Schöpfung

Wenn das Unterscheidende des christlichen Glaubens darin besteht, daß er nicht nur allgemein an einen Sinn des Lebens glaubt, sondern darüber hinaus auch Gott als den Grund dieses Glaubens zu benennen weiß, dann heißt das, die Wirklichkeit als Schöpfung zu verstehen. Denn Schöpfung besagt, daß die Welt den letzten Grund ihres Daseins und Soseins in Gott hat.

Der christliche Schöpfungsgedanke war und ist nun freilich einer der Hauptkriegsschauplätze in der modernen Auseinandersetzung zwischen Glauben und Wissen. Der Galilei-Prozeß und die Auseinandersetzung um Darwins und seiner Nachfolger Evolutionstheorie wirken bis heute nach. Sie haben zu einem Schisma geführt, das nicht zwischen Glaubenden besteht, sondern sich zwischen dem Glauben und der modernen Welt auftut. Zwar haben die Theologen und mit ihnen die meisten Verkündiger in der Zwischenzeit gelernt, daß die Bibel kein Lehrbuch der Naturwissenschaft ist; sie lehrt uns nicht, wie der Himmel geht, sondern – so schon Galilei – wie man zum Himmel geht. Man muß also unterscheiden zwischen der zeitbedingten Gestalt und dem bleibenden Gehalt der biblischen Schöpfungsberichte. Darum sehen die allermeisten Theologen heute keinen grundsätzlichen Gegensatz mehr zwischen dem Schöpfungsglauben und einer ihrer eigenen Grenzen bewußten Evolutionslehre. Doch die jahrhundertelangen Auseinandersetzungen haben ihre Spuren und

Wunden innerhalb der Kirche hinterlassen. Sie haben auch vielen Verkündern die Schöpfungslehre verdächtig gemacht. In Verkündigung und Theologie ist erstaunlich wenig davon die Rede, und wenn, dann oft recht halbherzig, gequält und fast entschuldigend.

Was aber ist ein Gottesglaube, der nichts mehr über die Wirklichkeit insgesamt zu sagen hat, der sich auf existentielles Gottesverhältnis und Gottvertrauen zurückzieht und in dieser seiner Innerlichkeit die äußere Welt des Kosmos vergißt, verdrängt oder sich selbst überläßt. Kann Gott noch Gott, d.h. die alles umfassende und alles bestimmende Wirklichkeit sein, wenn die Welt nicht mehr Gottes Welt ist? Muß ein weltloser Gott nicht notwendig zu einer gottlosen Welt führen? Wenn Gott nichts mehr mit der Welt und damit mit den weltlichen Sorgen der Menschen zu tun hat, dann darf man sich nicht wundern, wenn die Menschen nichts mehr mit Gott zu tun haben wollen und unserer Botschaft interesselos gegenüberstehen. Eine heilsgeschichtliche Theologie und ein existentielles Glaubensverständnis, welche den Zusammenhang mit der Schöpfungswirklichkeit verlieren, werden zu Gnosis, welche dem Projektions- und Illusionsverdacht der Religionskritik wehrlos ausgesetzt sind.

Das Verdrängen der Schöpfungsaussagen ist um so unverständlicher, als die Aktien der Schöpfungslehre gegenwärtig ausgesprochen gut stehen. Denn die Evolutionstheorie, wie immer man ihren wissenschaftstheoretischen Status beurteilt, kann gar nie eine Alternative oder ein Ersatz zum Schöpfungsglauben sein. Sie setzt immer schon etwas voraus, das wird und fragt nach dem Wie des Werdens. Sie erklärt nicht das Daß des Seins und ist keine Antwort auf die Frage: Warum ist überhaupt etwas? Noch weniger als die Frage nach dem Grund des Seins beantwortet sie die Frage nach dem Sinn von Sein: Wozu ist etwas? Wozu ist alles? Wozu bin ich? Doch eben dies sind Fragen, welche die Evolutionslehre und jede rein naturwissenschaftliche Welterklärung gar nicht erreicht und welche die Botschaft von der Schöpfung beantwortet.

Diese Antwort ist heute so dringlich wie je zuvor. Sie erhält heute sogar eine ganz neue Dringlichkeit. Die Bedrohung alles Lebendigen durch den Menschen hat wieder Voraussetzungen geschaffen für den Sinn für die Ehrfurcht vor dem, was ist und für die Verantwortung für den Bestand der Wirklichkeit. Sie hat wieder Verständnis dafür geweckt, daß es zur Katastrophe führt, wenn die Welt nur als hominisierte Welt, als Menschenwelt, als Material für den Menschen verstanden und behandelt wird. Welt als Schöpfung besagt aber: Die Welt ist als Gottes Welt zwar Welt für den Menschen, aber nicht einfach Welt des Menschen. Sie ist nicht des Menschen Produkt, sondern ihm von Gott her vorgegeben und deshalb ihm verantwortlich aufgegeben. So hat sie eine Tiefe, ein Geheimnis, eine Würde, welche der Mensch respektieren muß. Sie ist zwar auch zu seinem Nutzen und zu seiner Freude geschaffen. Sie dient aber noch mehr dem Lob des Schöpfers, welchem der Mensch seine Stimme verleihen darf und soll.

Was folgt aus dieser Sicht der Wirklichkeit als Schöpfung? Ich beschränke mich auf nur zwei Punkte:

1. Die Logoshaftigkeit und Vernünftigkeit der Welt. Man braucht die biblischen Schöpfungsberichte nur einmal mit den Schöpfungsmythen der damaligen Umwelt der Bibel zu vergleichen, um zu spüren, welche Welten zwischen beiden liegen. Dort geht der Kosmos hervor aus blutigen Kämpfen der Götter bzw. dämonischen Giganten der Vorzeit. Die ganze unheimliche Erfahrung des Menschen mit der Welt und mit sich selbst, die Erfahrung des Abgründigen und Dämonischen in der Wirklichkeit spiegelt sich in solchen Erzählungen. Ganz anders die Bibel. Die Wirklichkeit hat ihren Ursprung und Grund allein in Gottes freiem schöpferischem Wort. Sie ist geschaffen nach und durch seinen Logos und ist deshalb selbst logoshaft geprägt. Sie ist Ausdruck von Gottes Weisheit, geordnet nach „Maß, Zahl und Gewicht" (Weish 11,20). Damit erweist sich der Schöpfungsbericht als eine wahre Aufklärung und als Parteinahme für die Rationalität der Schöpfung. Auch später hat die kirchliche Lehre die Schöpfungswirklichkeit immer wieder verteidigt und in Schutz genommen gegen ihre Verleumdung und Herabsetzung als böse. Noch mehr: Weil die Welt aus Gottes Logos kommt und nach seinen Ideen geschaffen ist, ist sie nicht irrationale Materie, sondern geistig geprägt und damit unserem Geist überhaupt erst zugänglich und geistig erkennbar.

Wie will man denn die Erkennbarkeit der Welt und die Formulierbarkeit ihrer Ordnungen in Naturgesetzen erklären, wenn nicht dadurch, daß man sagt, sie sei geistanalog? Wie aber soll sie, da sie nicht unsere Erfindung ist, das sein ohne einen Schöpfergeist? Naturwissenschaftler wie Johannes Kepler und Albert Einstein wußten um diese Zusammenhänge und verstanden ihre Naturwissenschaft als staunendes Nach-denken der Ordnung in der Welt selber. Die Ableitung aus einer ewigen Materie dagegen erklärt 1. gar nichts, da die Materie sich nicht selbst erklärt, und sie ist 2. heute ein wissenschaftliches Märchen, da sich der Begriff der Materie seit der Relativitätstheorie und der Quantentheorie aufgelöst hat und niemand mehr genau sagen kann, was denn Materie ist. Jacques Monod, der jede theologische Betrachtung und erst recht den Gottesgedanken als unwissenschaftlich ablehnt und die ganze Welt aus einem Zusammenspiel von Zufall und Notwendigkeit erklärt, berichtet selbst von einem Wort von François Mauriac, das dieser nach den Vorträgen, die Monod dazu gehalten hat, gesprochen hat: „Was dieser Professor uns beibringen will, ist noch viel unglaublicher, als uns armen Christen je zu glauben zugemutet wurde." Monod kann selbst nicht umhin, seine Erklärung als absurd zu bezeichnen. Doch inzwischen ist auch hier die Diskussion weitergegangen. Sowohl in der Biochemie wie in der Physik ist von Strukturen, Zyklen, Spielregeln und dgl. die Rede, ganz abgesehen von den philosophischen Versuchen, nachzuweisen, daß rein kausale Erklärungen gar nicht ausreichen, sondern teleologische Erklärungen voraussetzen, ja selbst verkappte teleologische Erklärungen sind.

Als Christen haben wir heute allen Grund, die Vernünftigkeit der Wirklichkeit zu verteidigen, um so menschheitsgefährdenden irrationalem Interessen- und Machtdenken, Gewaltideologien und schwärmerischen Utopien zu wehren und auf sachgerechte, vernünftige Lösungen der Probleme und Konflikte hinzuarbeiten. Als Vertreter des Schöpfungsglaubens sind wir heute die wahren Aufklärer.

2. Die Freiheit und Sabbat-Struktur der Schöpfung. Daß Gott die Welt ohne allen äußeren oder inneren Zwang aus reiner Liebe frei geschaffen hat, weil er seine Geschöpfe an seinem Sein und Leben teilnehmen lassen wollte, ist eine Grundaussage des Glaubens. Allein wenn die Welt ein Werk der Freiheit ist, ist sie auch eine Welt der Freiheit, d. h. eine Welt, die nicht nur von blinden Sachzwängen determiniert ist. Wäre sie das, dann wäre in ihr kein Raum für menschliche Freiheit. Dann lagerte der Mensch mit seinen Fragen, Sehnsüchten, Nöten und Ängsten wie ein Zigeuner am Rande eines Kosmos, der taub ist für ihn; dann wäre die Situation des Menschen in der Welt absurd. Nur wenn die Schöpfung aus Freiheit kommt und von Freiheit geprägt ist, ist Freiheit möglich und kann der freie Mensch in der Welt sinnvoll leben und wirken. Wenn sie aber aus der Freiheit kommt und auf Freiheit angelegt ist, dann muß es in der Welt auch freiheitliche Ordnungen und Strukturen geben; dann muß es Freiräume aller Art geben: für den einzelnen ebenso wie für Kultur, Wissenschaft und nicht zuletzt für die Religion und ihre ungehinderte, freie öffentliche Ausübung.

Dieser Gedanke führt noch ein Stück weiter. Weil die Welt aus der Freiheit Gottes kommt und auf die Freiheit des Menschen hin entworfen ist, kann sie nicht reine

Arbeitswelt sein. Die menschliche Arbeit ist zwar Ausdruck und Ausgestaltung menschlicher Freiheit; sie ist recht verstanden nicht Sklavendienst, sondern Ausdruck der Herrschaft des Menschen. Deshalb gibt es auch ein Recht des Menschen auf Arbeit. Letztlich läuft der Schöpfungsbericht aber nicht auf den Herrschaftsauftrag des Menschen, sondern auf den Kultauftrag, auf den Sabbat hin. Die Welt hat eine Sabbat-Struktur; sie zielt auf die Ruhe, auf den Frieden in der Verherrlichung Gottes. So geht die menschliche Freiheit nicht auf im Umgang, Gebrauch und Genuß weltlicher Güter. Sie ist letztlich zweck-frei und findet ihre Erfüllung im Zweck-freien: in Spiel, Muße, Kunst, Fest und Feier. Der Mensch ist nicht nur der homo faber, der Arbeiter, er ist auch der homo ludens, der spielende Mensch. Er ist letztlich der homo orans et adorans, der betende und anbetende Mensch. Er ist nicht Arbeitssklave, sondern berufen zur Freiheit der Kinder Gottes. Die Eucharistie ist nicht umsonst die Mitte christlicher Existenz.

Die Verherrlichung Gottes ist zugleich das Heil des Menschen und der Welt. Schon im Alten Testament wird der Sabbat als Wohltat gefeiert und Jesus stellt diesen ursprünglichen Sinn wieder in den Vordergrund: „Der Sabbat ist um des Menschen willen da." Irenäus von Lyon hat diesen Sachverhalt auf die berühmte Formel gebracht: „Die Ehre Gottes ist der lebendige Mensch." Sie will dem Menschen seine wahre Würde bewußt machen und den Sinn seines aufrechten, über die Dinge erhabenen Gangs deuten. Die Liturgie ist in unserer verplanten und verzweckten Welt der Freiraum schlechthin. Hier kann der Mensch zur Ruhe kommen und aufatmen. Deshalb muß den interessen- und profitbedingten Angriffen auf die Sonn- und Feiertage um des Menschen willen Widerstand entgegengesetzt werden. Deshalb ist die Feier der Liturgie gerade heute der entscheidende Dienst an den Menschen.

Der Schöpfungsglaube ist also alles andere als ein verstaubtes Relikt einer überholten Weltsicht. Er ist Weltdeutung und Weltveränderung in einem. Er tut uns gerade heute not. Doch nun kommt ein Einwand, dem wir uns stellen müssen: Ist diese schöpfungsmäßige Sicht der Welt nicht zu idealistisch und optimistisch? Ist sie realistisch genug, um der „wirklichen Wirklichkeit" standzuhalten? Wir werden konfrontiert mit dem Problem des Bösen.

Das Problem des Bösen

Unsere heutige Eisntellung zum Problem des Bösen ist zwiespältig. Auf der einen Seite erfahren wir das Gefährliche und Ungesicherte unserer Wirklichkeit wie kaum zuvor; Terror und Gewalt sind an der Tagesordnung. In den gesellschaftlichen und internationalen Auseinandersetzungen herrscht ein geradezu pharisäisches Pathos der moralischen Anklage und der Schuldzuweisung vor. Auf der anderen Seite haben wir 1000 Erklärungen gefunden, soziologische und psychologische Theorien, um uns vor dem Abgründigen der Wirklichkeit zu drücken: Das Böse wird als Nebenprodukt der Evolution, als Illusion oder Komplex, als strukturell Böses u.ä. gedeutet. Wenn es erst um Schuld geht, dann finden wir sie immer nur bei den anderen, bei den Strukturen, Verhältnissen, bei der Natur und in der Vergangenheit. Ein unheimlicher Entschuldigungsmechanismus und ein unglaublicher Unschuldswahn sind wirksam, mit deren Hilfe wir uns vor unserer eigenen Verantwortung davonstehlen. Schuld und Sünde sind so zu einem verdrängten Thema geworden – auch in der Verkündigung. Man spricht lieber von abweichendem Verhalten und schiebt es damit auf die Statistik ab, wobei die Proportionen sich auch umkehren können: Was heute das Abweichende ist, kann auch einmal die Regel werden. Was dabei in Gefahr ist, ist nichts weniger als das Humanum selbst, die Freiheit und Verantwortung des Menschen, die Wahrheit über seine wirkliche Situation.

Die christliche Botschaft von der Sünde, von der Unheilssituation und Erlösungsbedürftigkeit des Menschen will uns – gerade in dieser unserer Situation – mit der ganzen und ungeschminkten Wahrheit unseres Lebens konfrontieren. Sie spricht in mancher Hinsicht die Bilder- und Symbolsprache des Mythos. Aber anders als in Bildern und Symbolen kann man die Tiefen der Wirklichkeit gar nicht zur Sprache bringen. Die Bilder und Symbole des Mythos sind nämlich nicht kindliche Einbildungen, sondern Wirklichkeitsdeutung. Sie werden, wenn man sie nicht simplifiziert, durchaus den vielfältigen und differenzierten Erfahrungen des Menschen gerecht. Auch die christliche Antwort auf die alte und stets neue Menschheitsfrage nach dem Ursprung des Bösen ist nicht so simpel, wie sie von ihren Gegnern meist dargestellt wird. Sie ist nicht einfach, sondern dreifach:

Zunächst sprechen Schrift und Tradition von der persönlichen Sünde des einzelnen. Nicht Strukturen, Anlagen oder sonstige Mechanismen sind schuld, ich bin schuldig. „Du bist der Mann" (2 Kön 12,7). „Gegen dich allein habe ich gesündigt" (Ps 51,6). Daraus spricht die Ehrlichkeit und der Mut, zu sich und seinen Taten zu stehen und die Verantwortung dafür zu übernehmen. Daraus spricht das Verständnis des Menschen als Person, die mehr ist als ein Bündel von Funktionen und mehr als das Ensemble der gesellschaftlichen Verhältnisse.

Die einzelne Person existiert freilich nur als Mitperson, der einzelne Mensch nur als Mitmensch. Er ist ein soziales Wesen, das eingebunden ist in das Ganze einer Familie, einer Gesellschaft, der Menschheit insgesamt. Der einzelne bestimmt den Stil, den Geist, die Atmosphäre des Ganzen, aber er wird ebenso vom Ganzen bestimmt, im Guten wie im Bösen. Dabei sind die anderen nicht nur gutes oder schlechtes Vorbild; sie sind ein Stück von mir selbst und bestimmen mich in dem, was ich bin. Die christliche Lehre von der Erbsünde will diese seinshafte Verflochtenheit in der Gottesferne und im Bösen, diese Mitsündlichkeit artikulieren. Sie will damit zugleich die Illusion von der heilen Welt, in die wir meinen uns flüchten zu können, zerstören. Sie sagt uns aber auch, daß wir vorsichtig sein müssen mit der konkreten Zuweisung persönlicher Schuld, daß wir nicht vorschnell urteilen und verurteilen dürfen. Daher gibt es – im analogen Sinn – strukturelle Zusammenhänge des Bösen, Verhältnisse, die aus der Sünde kommen und wieder Anlaß und Anreiz sind zum Bösen. Wo immer es möglich ist, muß die Kirche prophetische Kritik an solchen Unrechtsstrukturen üben und Unrecht, Gewalt, Unterdrückung beim Namen nennen. Wo immer es möglich ist, müssen wir mit ganzer Kraft dagegen angehen. Dennoch müssen und dürfen wir wissen, daß wir uns nicht selbst aus dem Gesamtzusammenhang der Menschheit herauskatapultieren können, daß wir uns nicht selbst erlösen können.

Schließlich kennt die christliche Lehre noch eine dritte Dimension, mit der wir heute die größten Schwierigkeiten haben und von der wir auch nur mit Vorsicht sprechen können. Nicht von ihr zu sprechen, würde jedoch dem eindeutigen Zeugnis des Neuen Testaments widersprechen, das vom Teufel, vom Satan, von Dämonen, bösen Mächten und Gewalten an sehr vielen Stellen mit großem Nachdruck spricht. Ein solches Schweigen würde auch der menschlichen Erfahrung nicht gerecht. Der Mensch ist ja nicht nur in das Geflecht der Menschheit eingebunden, er ist auch eingewurzelt in den Kosmos mit all seinen Abgründen. Man hat sich volkstümlich den Teufel eher zu harmlos vorgestellt. Heute haben wir allen Grund, tiefer über das „Geheimnis der Bosheit" (2 Thess 2,7) nachzudenken, um sowohl dem Zeugnis der Schrift wie der Abgründigkeit, dem Monströsen und Ungeheuren, das es in der Welt unbestreitbar gibt, gerecht zu werden.

Die christliche Lehre erweist sich auch darin als realistisch, daß sie diese drei Aussagen nicht auseinander ableitet. Weder ist das gesellschaftliche Böse nur eine Akkumulation und Extrapolation einzelner Schuld, noch sind der Teufel oder die Erbsünde ein Alibi für die persönliche Verantwortung. Das Böse ist in sich selbst widersprüchlich und läßt sich deshalb nicht auf einen einzigen Nenner bringen!

Allen drei Aussagen ist aber eines gemeinsam: Sie bewegen sich jenseits der Alternative von Dualismus und Monismus. Sie halten daran fest: Die Wirklichkeit selbst ist nicht böse, sie ist gut. Es gibt auch keinen ewigen Widerstreit des Guten und des Bösen; Gott ist der Herr aller Wirklichkeit. Doch sowenig das Christentum einem grundsätzlichen dualistischen Pessimismus recht gibt, sowenig vertritt es einen billigen monistischen Optimismus und Fortschrittsglauben, sei dieser idealistisch oder materialistisch. Der christliche Glaube weiß um die Verstrickungen, aus denen keiner, kein einzelner, kein Volk, keine Klasse und Rasse sich selbst befreien kann. Wenn immer wir versuchen, die Last der Geschichte revolutionär abzuschütteln, dann steht auch dieser Neubeginn unter Bedingungen des Alten. Man muß dann Gewalt anwenden, um gegen Gewalt vorzugehen. So trägt man neues Unrecht und neues Leid, neue Verbitterung und neuen Haß in die angestrebte bessere Ordnung hinein. Man bewegt sich in einem Teufelskreis von Schuld und Rache. Noch jede Revolution ist bisher wieder verraten worden.

Die christliche Botschaft ist also auch und gerade

darin realistisch, daß sie jenseits der Alternative von Optimismus und Pessimismus steht. Sie ist auch weder Dualismus noch Monismus. Die Wirklichkeit ist vielmehr personal strukturiert und auf das geschichtliche Miteinander von Gottes Freiheit und des Menschen Antwort hin entworfen. Sie ist realistisch, weil sie die Wirklichkeit der je einmaligen Person und ihrer unveräußerlichen Verantwortung für das Ganze und im Ganzen ernst nimmt. Sie versteht diese personale Verantwortung als Verantwortung vor Gott. Er allein kennt das Herz des Menschen. Ihm geht es nicht um Verurteilung, sondern um Vergebung. Nur auf dem Hintergrund der Botschaft von Erbarmen, von der Gnade und von der Vergebung kann christlich von Schuld und Sünde recht gesprochen werden. Nur auf diesem Hintergrund ist diese Lehre erträglich; nur auf diesem Hintergrund ist sie sogar erst verständlich. Denn erst im Angesicht der Liebe und Güte Gottes geht uns unsere Bosheit und Lieblosigkeit ganz auf. Umgekehrt gilt freilich auch: Nur angesichts des Phänomens des Bösen und der Sünde ist die Botschaft vom Heil und von der Erlösung realistisch und ernst. Diese Botschaft läßt sich nicht halbieren. Sie wird zum frommen, aber leeren Gerede und zur Beschwichtigung, wenn man von Sünde und Schuld nicht mehr zu reden sich traut und wenn man die Botschaft von der Umkehr nicht mehr verkündet.

Dieser christliche Realismus der Person und der personalen Verfaßtheit der Welt ist letztlich ein Realismus der Hoffnung. Weil er von der Güte des Schöpfers wie der Schöpfung ausgeht, weiß er, daß der

Stärkere den Starken besiegt und daß am Ende nicht das Böse, sondern das Gute den Sieg davontragen wird. Deshalb ist es immer sinnvoll, Gutes zu tun und sich für das Gute einzusetzen. Das Christentum nimmt das Böse ernst und relativiert es damit zugleich. Es unterwirft sich ihm nicht defaitistisch, sondern stellt ihm die Hoffnung auf die je größere Realität Gottes und seiner Erlösung entgegen. Das Licht, welches von der Erlösung her auf die Welt fällt, ist angesichts des Bösen das einzige, welches der Verzweiflung wehren kann und welches der letztlich unzerstörbaren Hoffnung des Menschen recht gibt, ihr gerecht wird, ja sie aufrichtet und erfüllt.

Die Botschaft von der Erlösung

Wenn die Schrift von der Erlösung spricht, dann gebraucht sie dafür eine Vielzahl von Bildern und Begriffen: Sie spricht nicht nur negativ von Erlösung, oder wie wir heute ebenfalls im Anschluß an die Schrift eher sagen: von Befreiung, sondern auch positiv von Leben, Gnade, Friede, Freiheit, Gerechtigkeit, Versöhnung, Heiligung, von Freundschaft und Gemeinschaft mit Gott durch Jesus Christus im Heiligen Geist. Es geht in diesem Zusammenhang nicht darum, diese vielfältige und reiche Botschaft in sich zu entfalten; wir behandeln sie hier nur unter einem bestimmten Gesichtspunkt. Wir fragen, ob und wie dieses Zentrum der christlichen Verkündigung nicht irgendein Aufsatz und Zusatz, ein bloßer ideologischer

Überbau ist, sondern der Wirklichkeit des Menschen und seiner Erfahrung gerecht wird.

Dieser Frage ist die Theologie unseres Jahrhunderts mit großem Ernst nachgegangen. H. de Lubac, K. Rahner, H. U. von Balthasar, um nur ein paar wenige zu nennen, haben die rein äußerliche (sogenannte extrinsezistische) Verhältnisbestimmung von Natur und Gnade, die erst im 17./18. Jahrhundert aufkam und die Neuscholastik des 19. und beginnenden 20. Jahrhunderts beherrschte, unter harten Auseinandersetzungen auch mit dem Lehramt der Kirche überwunden. Das war mehr als ein weltfremder Theologenstreit. Dahinter stand die pastorale Erfahrung einer zunehmenden Entfremdung von Glaube und Erfahrung und von Kirche und moderner Kultur. Wenn aber das Zentrum des Glaubens nichts mehr mit der Wirklichkeit zu tun hat, dann erscheint es den meisten Menschen als ein ideologischer Luxus, gut genug, um besonders hervorgehobene menschliche Situationen wie Geburt, Eheschließung und Tod mit etwas Feierlichkeit zu überhöhen, aber unnötig und unbrauchbar im nüchternen und harten Alltag. Der zweifellos ernst zu nehmende Einwand gegen die „neue Theologie" war, hier werde die Ungeschuldetheit und damit die Freiheit der Gande nicht mehr voll gewahrt, sie werde zur notwendigen Ergänzung und Vervollkommnung der Wirklichkeit, sie sei damit nicht mehr wirklich Gnade.

Zwischen der Szylla einer nur äußerlichen Verhältnisbestimmung und der Charybdis eines innerlich notwendigen Verhältnisses von Natur und Gnade hat die Theologie ihren Weg zu suchen. Sie tut dies im Anschluß an die größere und ältere Tradition der Kirchenväter und besonders des Thomas von Aquin. Mit diesen Theologen der Vorzeit wendet sie sich gegen ein eindimensionales materialistisches oder idealistisches Verständnis des Menschen. Sie ist Realismus, indem sie an die Vielschichtigkeit, ja Paradoxie des Menschen erinnert.

Der Mensch ist „Geist in Welt"; er ist ein materiell bedingtes, endliches Leibwesen, und er ist zugleich Geist, der, wie schon Aristoteles wußte, „gewissermaßen alles" (quodammodo omnia) ist; er ist „weltoffen", intentional auf das Ganze der Wirklichkeit bezogen. So fragt und sucht der Mensch über alles Vorfindbare, Feststellbare hinaus. Die Gedanken sind frei; für das Denken existieren keine Stoppschilder, für die Phantasie gibt es keine Grenzen, die Sehnsucht und Hoffnung des Menschen zielen ins Unendliche. Da der Mensch einerseits auf etwas aus ist, was sein ein und alles sein kann, und da er andererseits dieses ein und alles in dieser endlichen Welt grundsätzlich nicht finden kann, ist der Mensch das einzige Lebewesen, das wir kennen, das unzufrieden, enttäuscht, frustriert sein kann und es oft genug auch ist. Es gibt eine Schwermut und Erfüllung; jedes Mal, wenn man ein Ziel erreicht hat, spürt man, daß dieses Ziel doch nicht das gewesen ist, was wir zutiefst gesucht haben. Nichts in der Welt ist weit und groß genug, um die Weite, Tiefe und Höhe des menschlichen Herzens auszufüllen. Unsere Freiheit kann nur durch Gemeinschaft und Freundschaft mit anderer Freiheit erfüllt werden. Doch auch menschliche Liebe ist endlich; sie findet menschlich gesehen spätestens am Tod ihre Grenze. Nur eine vollkommene Freiheit, nur ein unendliches, ewiges Leben könnte den Menschen ausfüllen. So überschreitet der Mensch den Menschen um ein Unendliches (B. Pascal). Nur Gott ist groß genug, um unser Herz zum inneren Frieden zu führen. So ist unruhig unser Herz, bis es ruht in Gott (Augustinus).

Das also ist die Paradoxie des Menschen: Er ist in sich über sich hinaus. Er strebt wesensmäßig auf eine Vollendung, die er sich nicht selbst geben kann. Denn würde er nach Gott greifen, wollte er selbst sein wie Gott, dann würde er sich an Gott vergreifen und Gott zum Götzen degradieren. Er würde dann maßlos; er würde zum gewalttätigen Herrenmenschen und Übermenschen, der in Wirklichkeit ein unmenschlicher Mensch wäre. So steht der Mensch zwischen Prometheus und Sisyphus, zwischen größenwahnsinnigem Hochmut und verzweifeltem Kleinmut. Wer hilft ihm in dieser menschlich ausweglosen Situation?

Die Antwort, welche letztlich allein möglich ist, ist die Botschaft von der Gnade. Sie besagt, daß das, woraufhin der Mensch geschaffen und berufen ist, und was er doch aus eigener Kraft niemals erreichen kann, daß ihm das aus reiner Gnade von Gott geschenkt wird. Noch mehr: Gnade ist nicht „etwas", das Gott uns schenkt, Gnade ist Gott selbst; Gnade ist Gottes Selbstmitteilung und Selbstgabe an den Menschen. So geschieht Erlösung nicht nur von Gott und durch Gott, Erlösung ist Erlösung in Gott; sie ist innigste Freundschaft und Gemeinschaft mit ihm. Die Vergöttlichung des Menschen (um es in der Sprache der Väter zu sagen), ist des Menschen wahre Vermenschlichung und seine innerste Erfüllung. Die Menschwerdung Gottes in Jesus Christus und unsere Teilhabe an ihr im Heiligen Geist ist darum das Sinnziel der Schöpfung. Jesus Christus macht uns letztlich nicht nur offenbar, wer Gott für uns ist; er offenbart uns auch das Sinnziel des Menschen, er erschließt dem Menschen den Menschen. Nur wer Christus kennt, kennt auch den Menschen.

Diese These wendet sich gegen eine doppelte Tendenz. Sie wehrt sich gegen eine eindimensional materialistisch-ökonomische Sicht des Menschen und der menschlichen Lebenspraxis, die das Glück in einer bloßen Befriedigung ökonomischer Bedürfnisse sieht. Sie verkennt den Mehr-wert des Menschen, dessen Glück nicht im bloßen Mehr-Haben, sondern im Mehr-Sein besteht. Der Mensch ist nicht einfach, was er ißt; er lebt nicht vom Brot allein; er will mehr und ist mehr. Diesen Mehrwert verteidigt die christliche Botschaft von der Gnade. Sie wendet sich freilich auch gegen eine zweite Tendenz, welche den Menschen nicht unter-, sondern überfordert. Das ist sowohl materialistisch wie auch idealistisch möglich. Danach soll der Mensch durch eigene moralische, wissenschaftliche, technische Leistung diesen Mehrwert selbst schaffen; er soll evolutionär oder revolutionär das Reich des Friedens und der Freiheit hervorbringen. Für die Bibel wäre dies ein gesetzliches Denken. Es überfordert den Menschen, weil es von ihm im Grunde verlangt, selbst Gott zu spielen. Der

Mensch lebt hier nicht aus dem Geschenk und aus dem Erbarmen, er geht zugrunde an gnadenloser und erbarmungsloser Forderung und Überforderung.

Das Zentrum der christlichen Botschaft, die Botschaft von der Gnade steht also in Entsprechung zur paradoxen Grundsituation des Menschen. Sie ist deren Entschlüsselung und überbietende Erfüllung.

Diese These läßt sich auch vom anderen Ende her entfalten; es läßt sich nämlich nicht nur zeigen, wie die Gnade der Situation des Menschen entspricht, sondern wie von Gottes sich selbstmitteilenden Liebe her neues Licht auf die Welt fällt. Gottes Selbstoffenbarung und Selbstmitteilung in der Geschichte zeigt uns zunächst, wer Gott ist. Gott kann sich ja nur deshalb in der Geschichte unseres Heils selbst mitteilen, weil er von Ewigkeit her Selbstmitteilung in der Liebe ist, und d.h. weil er von Ewigkeit her trinitarisch ist. Die Trinitätslehre galt bis vor kurzem vielen als ein toter Hund: sie meinten, damit könne man praktisch nichts anfangen, sondern sich höchstens denkerische Schwierigkeiten einhandeln. Inzwischen beginnt sich die Situation sowohl in der katholischen wie in der evangelischen Theologie ganz durchgreifend zu verändern. Trinitätslehre ist überall wieder „gefragt". Bei genauerem Zusehen ist das trinitarische Bekenntnis nämlich nichts anderes als die gewissenhafte, wenngleich stotternde Umschreibung des Satzes aus dem 1. Johannesbrief: „Gott ist Liebe" (1 Joh 4,8.16). Damit ist gesagt: Gott ist kein monomaner einsamer Gott; er ist vielmehr in sich Dialog, in sich selbst Geschehen selbstmitteilender Liebe; er ist in sich selbst Gemeinschaft (communio). Wenn nun aber das Höchste, alles Umfassende und alles Bestimmende, das wir Gott nennen, Liebe ist, dann ist alle Wirklichkeit von Liebe bestimmt und auf Liebe hingeordnet; dann ist der Sinn aller Wirklichkeit Liebe.

Eine solche These hat erhebliche Konsequenzen für unser christliches Wirklichkeitsverständnis. Die trinitarische communio-Einheit erweist sich als Modell des christlichen Wirklichkeitsverständnisses. Die Trinitätslehre bedeutet nämlich den Durchbruch durch ein Wirklichkeitsverständnis, das vom Primat der in sich und für sich bestehenden Substanz geprägt war, hin zu einem Wirklichkeitsverständnis unter dem Primat der Person und der Relation. Nach christlichem Verständnis ist die letzte Wirklichkeit nicht die in sich stehende Substanz, sondern die Person, die erfüllt nur in der selbstlosen Relationalität des Gebens und des Empfangens denkbar ist. Man könnte auch sagen: Der Sinn von Sein ist christlich gesehen die Liebe.

Eine solche „trinitarische Ontologie" läßt sich selbstverständlich rein induktiv nicht zwingend begründen. Selbstbehauptung, blinde Faktizität, abstrakte Geschichtlichkeit oder letzte Undeutbarkeit der Wirklichkeit drängen sich immer auf und wollen einer solchen Deutung widersprechen. Eine solche Sicht hat ihre Plausibilität indes darin, daß sie zunächst widersprüchlich erscheinende Wirklichkeitserfahrungen integrieren kann und daß sie dabei nichts vergewaltigen muß. Weil die Liebe den anderen nicht vereinnahmt, sondern ihn als anderen annimmt, kann diese Deutung auch Wirklichkeitserfahrungen einbeziehen und „stehen lassen", die in keinem System aufgehen: Schuld, Einsamkeit, Trauer der Endlichkeit, Scheitern. Sie bleibt dabei aber nicht stehen. Sie sagt vielmehr, daß der letzte Sinn aller Wirklichkeit Liebe ist und daß deshalb alles, was in Liebe und aus Liebe geschieht, bleibend in den Bestand der Wirklichkeit eingestiftet ist. Alles andere vergeht, die Liebe bleibt immer (1 Kor 13,8); deshalb werden auch die Früchte der Liebe Bestand haben.

Daraus ergibt sich das Grundmodell einer christlichen Spiritualität des selbstlosen Dienens. Die trinitarischen Personen sind ja durch ihre Selbstlosigkeit charakterisiert. Sie sind je auf ihre Weise reines Wegschenken, reine Selbstentäußerung. Ihre kenotische Existenz von Ewigkeit her ist die Bedingung der Möglichkeit der zeitlichen Kenosis des Sohnes; sie ist damit zugleich der Typos der christlichen Demut und des selbstlosen christlichen Dienens. Nicht Macht und Glanz, sondern Dienst und Demut sind „Orte des Seins", Orte, wo das Endgültige und Bleibende schon jetzt in Erscheinung tritt.

Aus dieser christlichen Sicht der Wirklichkeit ergeben sich freilich nicht nur Konsequenzen für die persönliche Existenz, sondern auch für den politischen Bereich. Der Monotheismus war schon immer auch ein politisches Programm: „Ein Gott, ein Reich, ein Kaiser". Erkennt man dies, so versteht man, warum sich die römischen Kaiser lange Zeit so schwer taten, die orthodoxe Trinitätslehre anzuerkennen und stattdessen das arianische, auf in sich geschlossene Wesenseinheit abhebende Bekenntnis bevorzugten. Aus der kirchlichen Trinitätslehre ergibt sich nämlich eine ganz andere Vorstellung von Einheit. Es ist keine starre, monolithische, uniformistische und tyrannische Einheit, die jegliches Anderssein ausschließt oder aufsaugt und unterdrückt. Solche Einheit wäre Armut. Gottes Einheit ist Fülle, ja Überfülle des selbstlosen Gebens und Schenkens, des liebenden Sichverströmens, eine Einheit, die nicht ausschließt, sondern einschließt, ein lebendiges, liebendes Miteinander und Füreinander. So ist die Trinitätslehre das Ende einer bestimmten politischen Theologie, die als Ideologie zur Sanktionierung von Herrschaftsverhältnissen dient, in denen ein einzelner oder eine Gruppe ihre Vorstellungen von Einheit und Ordnung und ihre Interessen gegen andere durchzudrücken versucht. Sie inspiriert eine Ordnung, in der Einheit dadurch entsteht, daß alle am Eigenen Anteil geben und es zum Gemeinsamen machen. Das ist ebensoweit vom Kollektivismus entfernt wie vom Individualismus. Denn communio hebt das Eigensein und Eigenrecht der Person nicht auf, sondern bringt es im Wegschenken des Eigenen und im Empfangen des Anderen zur Erfüllung. Communio ist Personengemeinschaft und wahrt den Primat der je einmaligen Person. Diese findet ihre Erfüllung nicht im individualistischen Haben, sondern im Geben und damit im Teilhabegewähren am Eigenen.

Dieses trinitarische Verständnis von Einheit als communio-Einheit hat auch Konsequenzen für das rechte Verständnis der Einheit der Kirche. Unsere traditionelle Vorstellung von der Einheit der Kirche ist im Grunde noch vortrinitarisch bestimmt. Erst wenn wir die Einheit als Einheit in der Vielfalt verstehen und verwirklichen, haben wir die ekklesiologischen Konsequenzen des trinitarischen Bekenntnisses voll ernst genommen.

Die Konsequenzen einer solchen communio-Einheit für die christliche Spiritualität hat K. Hemmerle dargelegt. Solche Spiritualität ist kontemplativ, denn sie achtet auf die Spuren der Liebe, die ihr in aller Wirklichkeit, vor allem aber im Kreuz Jesu Christi begegnen. Das Sich-Geben Gottes in Jesus Christus ist nicht nur Grund, sondern auch bleibendes Maß, auf das solche Spiritualität immer wieder neu schaut, um es sich zu eigen zu machen. Solche Spiritualität ist deshalb in ihrer Kontemplation zugleich aktiv und säkular. Sie stimmt ein in Gottes Sich-Geben für die Menschen. So wird sie zum Dienst in der Welt und für die Welt. Solche Spiritualität ist schließlich in ihrer Kontemplation und Aktion kommunitär und ekklesial. Sie lebt vom Miteinander. Sie ist nicht ins Belieben und Verfügen des einzelnen gestellt, sie kennt vielmehr im eigentlichen Sinn des Wortes Verbindlichkeit.

Weit gefehlt also mit der Aussage F. Schleiermachers, die Trinitätslehre könne entfallen, ohne daß sich etwas am übrigen Glauben ändere. Sie ist vielmehr Voraussetzung und Zusammenfassung des Ganzen. Sie ist schon in der Schöpfung wirksam, wo Gott aus Liebe Anteil gibt an seinem Sein; sie ist in weit höherem Maße wirksam bei der Erlösung und Befreiung von der Macht des Bösen und in der Ordnung der Gnade, in der wir in das dreifaltige Leben Gottes hineingenommen werden. Zusammenfassend: Das trinitarische Bekenntnis deutet den Sinn des Seins als Liebe. Der Glaube an den dreifaltigen Gott wird deshalb wirksam in der tätigen Liebe. Der Glaube hat also wirklichkeitserschließende und wirklichkeitsverändernde Kraft. Er ist „wirklichkeitshaltig". Er hält fest und er lebt aus der Wirklichkeit, die immer Bestand hat.

Es steht uns Christen gut an, uns von anderen befragen und herausfordern zu lassen. Aber am Ende dürfen auch wir fragen: Wohin sollen wir sonst gehen? Wo begegnen uns sonst solche Worte des Lebens? Die Ehre Gottes ist Leben und Heil der Menschen.

VII
Gemeinschaft der Glaubenden

Man glaubt nicht an die Kirche

Viele Glaubensschwierigkeiten sind Kirchenschwierigkeiten. Kaum eine andere Aussage des Glaubensbekenntnisses begegnet heute so viel Widerspruch und so vieler Gereiztheit wie das Bekenntnis zur einen, heiligen, katholischen und apostolischen Kirche. In der Tat, jedes dieser hohen Prädikate scheint durch die Wirklichkeit Lügen gestraft zu werden. Die Kirche, so wie wir sie erfahren, ist weder einig noch in allem heilig, sie ist empirisch betrachtet nicht allumfassend katholisch und scheint in vielem von ihrem apostolischen Ursprung weit entfernt zu sein. Auch sonst kann man der Kirche in Geschichte und Gegenwart ein langes Sündenregister vorhalten. Wer einen so hohen Anspruch stellt wie die Kirche, der wird zu Recht an ihm gemessen, der kann ihm aber auch nie voll gerecht werden; er stellt sich unter das Gericht seines eigenen Anspruchs. So laufen alle Vorwürfe immer wieder darauf hinaus, die Kirche lebe und verwirkliche selbst nicht, was sie verkündige, ja, sie habe das Evangelium von der Liebe Gottes oft sogar verraten. Wenn von der Kirche als der Gemeinschaft der

Glaubenden die Rede ist, dann sind also von vornherein verhaltene und selbstkritische Töne angebracht.

Auch die altkirchlichen Glaubensbekenntnisse äußern sich in bezug auf die Kirche zurückhaltend. Sie sagen nämlich: „Ich glaube an den einen Gott, ... an den einen Herrn Jesus Christus, ... an den Heiligen Geist"; sie sagen aber im allgemeinen nicht: „Ich glaube *an* die Kirche", sondern nur: „Ich glaube *die* Kirche". Sie machen damit deutlich, daß die Kirche nicht Ziel des Glaubensaktes ist; Ziel und eigentlicher Gegenstand des Glaubensaktes ist allein der dreifaltige Gott. Die Kirche hat ihren Ort innerhalb und gewissermaßen unterhalb des Glaubens an Gott. Die Kirche ist nicht Gott, sie ist eine geschöpfliche Größe, die man keinesfalls verabsolutieren und vergötzen darf. Solche Verabsolutierung ist sogar eine ständige Versuchung der Kirche. Weil die Kirche eine geschöpfliche Größe ist und aus sündigen Menschen besteht, kann man sich ihr gar nicht mit der radikalen Hingabe anvertrauen, wie man sich im Glauben Gott anvertraut. Man glaubt nicht *an* die Kirche, wohl aber glaubt man *in* der Kirche und *mit* der Kirche (H. de Lubac); man glaubt *die* Kirche als Ort des Glaubens und als Gemeinschaft der Glaubenden. Dies gilt es nun im einzelnen zu entfalten und zu begründen.

Man glaubt in und mit der Kirche

Auch wenn die Kirche nicht Ziel des Glaubensaktes ist, so hat sie doch einen festen Platz im Glaubensbekenntnis. Man kann nicht einfach sagen: Gott und Jesus, ja – Kirche, nein! Glauben und Kirche gehören wesensmäßig zusammen.

Schon rein menschlich betrachtet lebt keiner ganz allein. Als Menschen sind wir in vielfältiger Weise aufeinander angewiesen. Das gilt nicht nur hinsichtlich der Befriedigung unserer elementaren leiblichen Bedürfnisse, für die Beschaffung von Nahrung und Kleidung, Häusern zum Wohnen und Arbeit für den täglichen Verdienst. Auch in unseren moralischen und religiösen Überzeugungen zehren wir von dem, was wir von unseren Eltern und Lehrern, von Freunden und Bekannten und überhaupt von unserer Umwelt mitbekommen haben. Unser eigenes Denken bedarf der Sprache, und wir drücken unsere Gedanken wiederum in der Sprache aus. Die Sprache übernehmen wir aber von der Gemeinschaft, in der wir aufwachsen und leben; mit der Sprache übernehmen wir die entscheidenden Deutemuster der Welt. Der Mensch ist als ein sprechendes Wesen ein soziales Lebewesen.

Gott ist ein Gott der Menschen. Deshalb redet er in seiner Offenbarung nie nur isolierte einzelne Menschen an. Er spricht vielmehr die einzelnen in ihrer sozialen Verflechtung an. Er ruft und sammelt ein Volk. Das beginnt schon mit Adam, welcher der Repräsentant der ganzen Menschheit ist. Als durch seine

Absage an Gott sich auch Feindschaft unter den Menschen durchsetzt, angefangen vom Mord Abels durch Kain bis zur babylonischen Sprachenverwirrung, da setzt Gott neu mit einer Sammlungsbewegung ein. Sie beginnt nach den Kirchenvätern mit dem gerechten Abel und setzt sich fort bei all den Menschen, welche gerecht und fromm nach ihrem Gewissen leben; sie geschieht also verborgen unter allen Völkern. Sichtbar wird sie mit Abraham, den Gott zum Stammvater eines großen Volkes macht, ja, in dem er alle Völker segnet, mit Moses und den Propheten. Jesus selbst weiß sich gerufen, das Volk Israel zu sammeln. Nachdem sich Israel in seiner Mehrheit und in seinen maßgebenden Repräsentanten versagt hat, kommt es nach Jesu Tod, nach Ostern und Pfingsten zu einer neuen Sammlungsbewegung, zu der nun Juden und Heiden gehören. Sie sammeln sich im gemeinsamen Glauben an den einen Gott und an den einen Herrn und Heiland Jesus Christus im einen Heiligen Geist, und sie wissen sich untereinander als Brüder und Schwestern, bei denen alle Unterschiede der Nationalität, der Rassen und Geschlechter ihre trennende und diskriminierende Bedeutung verloren haben.

Die Kirche als brüderlich und schwesterlich versammeltes Volk Gottes aus allen Völkern, Rassen und Geschlechtern ist also Gottes Gegenaktion gegen das von der Sünde angerichtete Chaos. Sie tritt in dem Maß immer deutlicher ins Leben, als die Geschichte Gottes mit den Menschen fortschreitet. Sie ist Anfang, Zeichen und Werkzeug des Friedens und der Versöhnung, die Gott verheißen hat und die alle herbeisehnen. In ihr wird die gespaltene und verfeindete Menschheit in den grundlegenden Überzeugungen und Ausrichtungen des Lebens wieder geeint; in ihr werden Fremde zu Freunden. So ist die Kirche selbst eine wesentliche Frucht des Heilshandelns Gottes und insofern auch ein Inhalt des Glaubens. Gottes versöhnendes Wort kann – so muß man in Anlehnung an ein bekanntes Wort Martin Luthers sagen – nicht ohne Gottes Volk sein, so wie Gottes Volk auch nicht ohne Gottes Wort, durch das es zusammengerufen und in dessen Bekenntnis es geeint wird, sein kann.

Weil Kirche als die Gemeinschaft der Gläubigen so eng mit dem Wort Gottes verbunden ist, kann es kein legitimes Privatchristentum geben. Zwar ist der Glaube die unvertretbare persönliche Entscheidung eines jeden einzelnen. Aber dieser persönliche Akt des Glaubens bedeutet immer zugleich einzutreten in die größere Geschichte und in die größere Gemeinschaft des Glaubens. In den altkirchlichen Glaubensbekenntnissen heißt es darum sowohl: „Ich glaube", wie „Wir glauben". Der einzelne ist in seinem persönlichen Glauben nie allein; wir empfangen den Glauben von denen, die vor uns geglaubt haben, und wir sind im Glauben mitgetragen vom Glauben der ganzen Gemeinschaft der Glaubenden. Man glaubt immer in und mit der Kirche.

Weil die Kirche das umgreifende Subjekt des Glaubens ist, gehört zum Glauben des „Sentire ecclesiam", ein Gespür in und mit der Kirche, ein kirchlicher Sinn. Er besteht nicht in einem Ja-und-Amen-Sagen zu allem, was in der Kirche ist, wohl aber in einem Gespür dafür, was in der Kirche richtig und wichtig ist. Kirchlicher Sinn kann offene und ehrliche Kritik einschließen, aber er verabscheut jede eingebildete Besserwisserei und hochmütige Kritiksucht. Er äußert sich vielmehr in Respekt vor Lehre und Praxis der Kirche sowie in dem Bemühen, sie zu verstehen und in der Offenheit gegenüber dem, was der Geist den Gemeinden sagt (Offb 2,7 u. a.).

Kirche als Zeichen und Werkzeug

Der Zusammenhang zwischen der Kirche und dem Glauben an Gottes Wort kann noch tiefer begründet werden. Das Wort Gottes ist ja darauf angewiesen, daß es Menschen findet, die es hören, annehmen und bezeugen. Es kommt nur dort in der Welt an, wo es gläubige Herzen und gläubige Zeugen findet. Würde es nicht von einer Gemeinschaft von Gläubigen aufgenommen, lebendig verwirklicht und weiterbezeugt werden, dann wäre es wie ein Ruf ohne Echo, es würde kraft- und wirkungslos bleiben und wäre ins Leere hinein verhallt. Da aber Gottes Wort ein wirksames Wort ist, das bewirkt, was es sagt, gehört zur Offenbarung Gottes im Wort immer auch die Annahme des Wortes Gottes im Glauben. Die Kirche als Gemeinschaft der Glaubenden gehört darum konstitutiv in das Offenbarungsgeschehen hinein. Ohne die Gemeinschaft der Glaubenden wäre in der Geschichte nichts offenbar geworden. In der Kirche und ihrem

Glauben nimmt das Wort Gottes in aller menschlichen Schwachheit und Hinfälligkeit durch Gottes Geist Gestalt an. Die Kirche ist selbst eine Gestalt des Wortes Gottes. Sie ist Säule und Grundfeste der Wahrheit (1 Tim 3, 15). Sie nimmt teil am Mysterium Christi.

Johann Adam Möhler drückte diesen Gedanken folgendermaßen aus: „In der Kirche und durch sie hat die von Christus angekündigte Erlösung mittels seines Geistes Wirklichkeit gewonnen, da in ihr seine Wahrheiten geglaubt und seine Institutionen geübt werden und eben dadurch lebendig geworden sind. Wir können demnach von der Kirche auch sagen, daß sie sei die objektiv gewordene christliche Religion, ihre lebendige Darstellung. Indem das von Christus gesprochene Wort (dieses in seiner weitesten Bedeutung genommen) mit seinem Geiste in einen Kreis von Menschen einging und von demselben aufgenommen wurde, hat es Gestalt, hat es Fleisch und Blut angenommen, und diese Gestalt ist eben die Kirche, welche somit als die wesentliche Form der christlichen Religion selbst von den Katholiken betrachtet wird. Indem der Erlöser durch sein Wort und seinen Geist eine Gemeinschaft stiftete, in welcher er sein Wort lebendig werden ließ, vertraute er eben ihr dasselbe zur Bewahrung und Fortpflanzung an; er legte es in ihr nieder, auf daß es aus ihr als immer dasselbe und doch auch ewig neu und in immer frischer Kraft hervorgehe, wuchere und um sich greife. Sein Wort ist von der Kirche und seine Kirche vom Wort nimmermehr ablösbar."

Möhler wußte selbstverständlich auch, daß die Kirche als Kirche aus Menschen, ja aus Sündern das Wort Gottes vielfach nur gebrochen widerspiegelt. Das II. Vatikanum vermeidet darum jede direkte Identifikation von Kirche und Jesus Christus, der *das* Wort Gottes ist. Das Konzil bezeichnet die Kirche vielmehr als Sakrament, d. h. Zeichen und Werkzeug. Sie ist lebendiges, erfülltes und wirksames Zeichen des ergangenen Wortes Gottes und zugleich dessen Werkzeug, durch das es weiterhin laut wird in der Geschichte der Welt und der Menschen.

Zeichen und Werkzeug sind freilich nicht nur die Ämter in der Kirche. Alle Gläubigen und alle Getauften sind als einzelne und als Gesamtheit zu Zeugen des Glaubens bestellt. Kardinal J. H. Newman hat in seiner berühmten Abhandlung „Über die Befragung der Gläubigen in Sachen des Glaubens" aufgezeigt, daß es in dem wirren 4. Jahrhundert, in dem der Streit um die wahre Gottheit Jesu Christi ging, oft nicht die Bischöfe und Bischofssynoden waren, welche den wahren Glauben durchtrugen, sondern die einfachen Gläubigen. Heute ist in besonderer Weise die Zeit der christlichen Laien gekommen. Denn allein auch die Laien, die in Familie, Beruf, Freizeit in den alltäglichen Verhältnissen leben, kann der Glaube die Welt erreichen und von innen durchdringen.

Zeichen und Werkzeug des Glaubens ist die gesamte Gemeinschaft der Gläubigen nicht allein durch das Wort, nicht nur durch Verkündigung, Katechese, Religionsunterricht, sondern durch ihr gesamtes Leben. Der Zeuge ist ja dadurch definiert, daß er nicht nur mit dem Mund Zeugnis gibt, sondern mit seiner ganzen Existenz; er bringt sich selber ein und setzt im Extremfall sogar sein Leben aufs Spiel. Zeichen und Werkzeug ist die Kirche nach den Worten des II. Vatikanums also durch alles, was sie ist, alles, was sie glaubt. Auf ihrem Antlitz muß das Licht, welches Jesus Christus ist, aufstrahlen in der Welt.

Kirche unter dem Wort Gottes

Die Kirche kann nach Ausweis der Kirchengeschichte freilich Jesus Christus und sein Wort auch verdunkeln. Sie kann, wie im späten Mittelalter, in ihrer äußeren Erscheinung auch zu einem Antizeichen und zur Hure Babylon werden.

Auf diesem Hintergrund solcher, heute kaum mehr vorstellbarer Mißstände in der Kirche muß man es verstehen, daß Luther und die anderen Reformatoren auf das Zeugnis des ursprünglichen Evangeliums, wie es in der Heiligen Schrift bezeugt ist, verwiesen und die Schrift allein (sola Scriptura) zur Norm alles Sprechens und Tuns der Kirche erklärten. Die Kirche unter dem Wort Gottes war für sie eine Kirche, die immerfort der Reform vom Evangelium her bedarf (ecclesia semper reformanda).

Das Trienter Konzil hat das Prinzip „die Schrift allein“ zurückgewiesen und die Verbindlichkeit der Tradition verteidigt. In der Tat, die Heilige Schrift läßt sich nicht von der lebendigen Tradition isolieren;

sie ist vielmehr selbst ein Niederschlag der Tradition der frühesten Gemeinden. Sie hat in der Kirche ihren „Sitz im Leben". So wie sie aus dem Leben der Kirche herausgewachsen und für das Leben der Kirche geschrieben ist, läßt sie sich auch nur wieder richtig verstehen und auslegen, wenn man selbst im Leben der Kirche und das heißt in ihrer Tradition verwurzelt ist. Auf diese rechte Interpretation kommt es aber entscheidend an. Denn die Schrift an sich nützt wenig; auf sie berufen sich alle christlichen Kirchen und Richtungen. Es geht darum, die Schrift richtig zu interpretieren. Dies ist nur möglich, wenn man im gleichen kirchlichen Lebenszusammenhang steht und lebt, aus dem heraus auch die Schrift entstanden ist. So wird etwa nur der die Abendmahlsberichte des Neuen Testaments, die selbst schon Zeugnisse der frühesten Liturgie sind, voll verstehen, der selbst Abendmahl feiert. Das ist der tiefere Grund, weshalb die katholische Lehre Schrift und Tradition jeweils im engen Zusammenhang sieht. Heute zeichnet sich darüber ein weitgehender Konsens zwischen den Kirchen ab.

Ein Konsens bahnt sich auch darin an, daß heute auch die katholische Theologie betont, daß die Kirche, unbeschadet des bisher Gesagten, nicht über, sondern unter dem Wort Gottes steht. Schon das Konzil von Trient unterscheidet zwischen den ursprünglichen und bleibend verbindlichen apostolischen Traditionen und den menschlichen Traditionen in der Kirche, die nicht nur veränderlich sind, sondern der ursprünglichen apostolischen Tradition auch entgegenstehen oder sie verdunkeln können. Nicht alles, was gemeinhin Tradition in der Kirche ist, ist also gleichermaßen verbindlich und unabänderlich; im Gegenteil, die vielfältigen Traditionen müssen immer wieder an der einen ein für allemal überlieferten Tradition des apostolischen Zeugnisses gemessen werden. So konnte schon Trient eine der größten Reformen in der Geschichte der Kirche einleiten. Das II. Vatikanum hat diesen Aspekt und die Bedeutung, die dabei der Schrift zukommt, noch viel deutlicher herausgestellt und davon gesprochen, daß die Kirche immerfort den Weg der Reinigung und der Erneuerung gehen muß.

Die Kirche ist zwar überzeugt, daß ihr Gottes Wort und Gottes Wahrheit unverlierbar geschenkt sind. Aber sie weiß zugleich, daß diese Wahrheit so erhaben und so reich ist, daß sie diese mit keiner ihrer Glaubensaussagen voll ausschöpfen kann. Diese sind zwar wahr, in dem, was sie sagen; aber ihre Aussagekraft ist, wie die aller menschlichen Worte, begrenzt. So entspricht auch bei Glaubensaussagen jeder Ähnlichkeit eine je größere Unähnlichkeit zwischen dem Gesagten und dem Gemeinten. Jede Glaubensaussage transzendiert sich selbst; der Glaubensakt zielt, wie Thomas von Aquin sagt, nicht auf die Aussage als solche, sondern durch die Aussage hindurch auf das in ihr Gemeinte, die eigentliche „Sache" des Glaubens, nämlich das Geheimnis des dreifaltigen Gottes. Jede Glaubensaussage kann darum vertieft werden. Erst recht kann und muß vieles in der Kirche immer wieder gereinigt und erneuert werden, was den wahren

Sinn kirchlicher Glaubensaussagen verstellt und verdunkelt.

In und mit der Kirche glauben, das begründet keinen fixen ideologischen Standpunkt und keinen kirchlichen Triumphalismus; in und mit der Kirche glauben bedeutet vielmehr, in und mit der Kirche den Weg ständiger Umkehr und des immer wieder neuen Hörens auf das Wort Gottes gehen. Nicht nur der Glaube des einzelnen ist ein Weg, auch der Glaube der Kirche ist ein Weg und ein Prozeß, der oft genug durch Fragen, Krisen und Erschütterungen hindurchführt. Das ist nicht erst heute so; schon in der bisherigen Geschichte der Kirche gab es Entwicklungen und Umbrüche, in denen sich der genaue Inhalt des kirchlichen Glaubens erst geklärt hat. Gläubig und katholisch ist nicht, wer unberührt oder gar hochmütig und selbstgerecht über allen diesen Schwierigkeiten steht, sondern wer mit der ganzen Gemeinschaft der Glaubenden den Weg geht und nach Kräften zur Klärung und Vertiefung des Glaubens beiträgt. Gerade als pilgernde Kirche, die selbst bußfertig ist, kann die Kirche in neuer Weise glaubwürdig sein.

Unfehlbare Kirche?

Zwei Gesichtspunkte haben wir bisher vor allem entwickelt: In der Kirche ist die frohe Botschaft vom endgültigen Heil *schon* in der Welt angekommen und bleibend präsent. Aber die Kirche ist *noch nicht* das vollendete Reich Gottes; sie ist auch mit ihrem Glaubenszeugnis noch unterwegs. Diese Spannung ist von grundlegender Bedeutung, wenn wir nun nach den endgültigen und unveränderlichen Glaubensaussagen und nach den unfehlbaren Glaubensentscheidungen der Kirche fragen.

Die Unfehlbarkeit der Kirche in Sachen des Glaubens und der Sitten macht heute nicht wenigen Menschen erhebliche Schwierigkeiten. Sie sehen darin eine Starrheit und Unbeweglichkeit, welche nach ihnen besonders heute angesichts der rasch zunehmenden neuen Erkenntnisse und des rapiden Wandels auf allen Gebieten des Lebens von großem Nachteil ist.

Doch sehen wir zunächst das Positive! Gerade in der Wortflut unserer Zeit, in der Unbeständigkeit von Weltanschauungen und im atemberaubenden Wechsel aller Dinge, in der Unrast und Hetze der Zeit bedürfen wir als Menschen auch eines Ortes, wo wir beständig und bleibend vor Anker gehen können; wir brauchen „etwas", worauf endgültig Verlaß ist, einen Raum, wo wir schon jetzt beheimatet und zu Hause sind. In dieser Situation ist es geradezu eine Wohltat, wenn uns in den feierlichen Glaubensaussagen der Kirche gesagt wird und wenn sich die Kirche dafür auch verbürgt: Wenn du an dieser Wahrheit festhältst, dann gehst du nicht in die falsche Richtung, dann bleibst du „auf Kurs", dann bist du in der Wahrheit, die bleibt und Bestand hat. Gewiß, unfehlbar im eigentlichen Sinn ist allein Gott; er allein ist deshalb der Grund unseres Glaubens. Doch Gott, der sich in Jesus Christus selbst mitgeteilt hat, läßt im Heiligen Geist seine Kirche an seiner Wahrheit und d. h. an seiner Beständigkeit und Festigkeit teilhaben; er gibt der Kirche in ihren Ämtern, besonders im Petrusamt, sozusagen einen Mund, durch den sie verbindlich sprechen kann. Solche Eindeutigkeit und Verbindlichkeit liegt im Wesen des Glaubens begründet, in dem das Endgültige schon jetzt mitten in die Zeit hereinragt. Ohne feste und untrügliche Aussagen würde der Glaube in seiner innersten Substanz aufgelöst.

In den letzten 200 Jahren seit dem Aufkommen eines mehr geschichtlichen Bewußtseins ist nun freilich auch der andere Aspekt deutlicher geworden: Die unfehlbaren Glaubensentscheidungen nehmen nicht nur teil am „Schon", sondern auch am „Noch nicht" der Heilswirklichkeit. Sosehr sie in dem, was sie sagen, bleibend wahr sind, so sagen sie diese ihre Wahrheit doch in geschichtlichen menschlichen Worten und Bildern aus, in Worten, deren Aussagekraft begrenzt ist. Ihre Aussagen sind außerdem meist abgrenzend und gezielt auf einen bestimmten Irrtum hin formuliert; deshalb haben sie oft nur einen Aspekt im Auge; sie beabsichtigen gar nicht, das Ganze zu sagen. Sie müssen darum im Rahmen des umfassenderen Gesamtzeugnisses von Schrift und Tradition interpretiert werden. Dabei kann es zu Ergänzungen und Vertiefungen kommen; u. U. kann man später das Gemeinte besser und umfassender formulieren. So gibt es nicht nur eine Lehrentwicklung bis zu einer feierlichen Glaubensentscheidung hin; nach der Definition setzt gewöhnlich der Prozeß der Interpretation ein. Dieser Prozeß ist nicht nur der Theologie, sondern der gesamten Gemeinschaft der Glaubenden anvertraut. Im Glauben und im Leben der gesamten Glaubensgemeinschaft stellt sich erst endgültig heraus, was an einer dogmatischen Entscheidung des kirchlichen Amtes geistlich fruchtbar ist.

Sowenig man die Bedeutung feierlicher Glaubensentscheidungen der Kirche abwerten darf, sowenig darf man sie überbewerten oder sich gar auf sie fixieren. Sie sind relativ seltene, außerordentliche Ereignisse im Leben der Kirche, eingebettet in das alltägliche Leben, Glauben und Verkünden. Viele zentrale Glaubenswahrheiten, vor allem das Apostolische Glaubensbekenntnis, sind nie formell definiert worden und stehen doch aufgrund des gemeinsamen Glaubens der Kirche unumstößlich fest. Das macht nochmals deutlich: Das eigentliche Subjekt des Glaubens ist nicht ein einzelner, auch nicht ein einzelner Amtsträger, sondern die gesamte Gemeinschaft der Glaubenden in der Einheit und Vielfalt ihrer Charismen, Dienste und Ämter. Der Gesamtheit aller Gläubigen und ihrem Konsens ist die Wahrheit des Evangeliums durch den Beistand des Geistes unfehlbar anvertraut.

Glaubensgemeinschaft konkret

Die soeben gemachte Feststellung führt uns zu einer letzten Frage: Wird die Kirche heute überhaupt noch als Gemeinschaft erfahren? Ist sie wirklich Heimat, in welcher der einzelne Christ zu Hause ist, oder wird sie als fremde Institution empfunden? Die Frage läßt vermutlich keine allgemeingültige Antwort zu. Die Erfahrungen sind zu verschieden. Das Ideal, das uns das Neue Testament besonders in der Jerusalemer Urgemeinde zeichnet, ist jedoch eindeutig.

Wenn wir nämlich im Neuen Testament unter dem Stichwort „Kirche" nachschauen, dann finden wir dort nicht nur eine, sondern drei verschiedene Bedeutungen. Da ist zunächst von der Kirche in dem Sinn die Rede, wie wir das Wort heute gewöhnlich verstehen: Kirche als universale Kirche, Kirche im Sinn von Weltkirche. Kirche meint im Neuen Testament an sehr vielen Stellen aber auch die Kirche am Ort, die Ortskirche. Sie war damals weitgehend identisch mit einer Gemeinde und bedeutete nicht nur einen Ausschnitt oder Verwaltungsdistrikt der Universalkirche, sondern Realisation und Repräsentation der Kirche an einem konkreten Ort. Die Einheit der universalen Kirche war im Altertum ein communio-Netz von solchen relativ eigenständigen Ortskirchen. Heute gilt als Ortskirche im vollen Sinn nur die Diözese unter der Leitung eines Bischofs. Doch auch auf die Ortsgemeinde bzw. die Pfarrei kann man den Titel Kirche analog anwenden; zumindest geschieht das in der neueren Gemeindetheologie. In der Gemeinde wird ja Kirche vor Ort erfahren; hier muß die konkrete Verwurzelung und Beheimatung geschehen. Wichtig ist im Neuen Testament freilich noch eine dritte Bedeutung: Kirche als Hauskirche, die Gemeinde bzw. Gemeinschaft, welche sich im Haus eines Christen bzw. einer christlichen Familie versammelt (Röm 16,5.23; 1 Kor 16,19; Phlm 2; Kol 4,15).

In gewissem Sinn kann man sogar sagen, die Kirche des Anfangs habe sich „hausweise" konstituiert.

Das Idealbild solcher brüderlich-schwesterlicher Gemeinschaft ist die Jerusalemer Urgemeinde: „Alle, die gläubig geworden waren, bildeten eine Gemeinschaft und hatten alles gemeinsam. Sie verkauften Hab und Gut und gaben davon allen, jedem so viel, wie er nötig hatte. Tag für Tag verharrten sie einmütig im Tempel, brachen in ihren Häusern das Brot und hielten miteinander Mahl in Freude und Einfalt des des Herzens" (Apg 2,44–46).

Dieses System der Hauskirchen hat in der alten Kirche im Prinzip bis zur konstantinischen Wende fortbestanden. Erst nach der Zeit der Verfolgung, als die Kirche als erlaubte Religionsgemeinschaft und später sogar als Staatsreligion anerkannt war und die Massen in die Kirche einströmten, war es möglich und aus einsichtigen praktischen Gründen auch nötig, eigene große Kirchengebäude zu errichten. Heute gibt es in vielen Kirchen der Dritten Welt, nicht nur in Lateinamerika, sondern auch in Afrika wieder eine Option für die kleinen Gemeinschaften, die man oft als Basisgemeinschaften bezeichnet. Papst Paul VI. und die römische Bischofssynode von 1985 haben diese Gemeinschaften eine große Hoffnung für die universale Kirche genannt. In ihnen kann eine sonst als anonym empfundene Kirche wieder konkret als Glaubensgemeinschaft erfahren und eingeübt werden: im gemeinsamen Lesen und Auslegen der Heiligen Schrift, im gemeinsamen Beten und Singen, in christlicher Unterweisung, im gemeinsamen Einsatz in konkreten

Notsituationen. Das ist in vielerlei Weise, in vielfältigen Gruppen, Kreisen, Bewegungen, Ordensgemeinschaften, kirchlichen Vereinen und Verbänden möglich.

Ohne Einbindung in eine konkrete Gemeinschaft der Glaubenden wird Christsein und christlicher Glaube in der heutigen Welt immer schwerer durchzuhalten sein. Von solchen Glaubensgemeinschaften hängt heute auch die Weitergabe des Glaubens an die nächste Generation entscheidend ab. So kommt ihnen eine hohe pastorale Priorität zu.

Gewiß, die Gefahr des Konventikelwesens und von Parteizank ist nicht zu unterschätzen. Diese Gefahr war, wie der 1. Korintherbrief bezeugt, schon in neutestamentlicher Zeit gegeben. Das Entscheidende wird deshalb sein, daß die einzelnen Gemeinschaften nicht isoliert nebeneinander herleben oder gar gegeneinander existieren. Legitime und authentische Gemeinde Jesu Christi kann eine Gemeinde ja nur sein, wenn sie in Gemeinschaft steht mit allen anderen Gemeinden, in denen Jesus Christus ebenfalls gegenwärtig ist (vgl. Mt 18,20). Man sollte jedoch nicht nur die Gefahren, sondern auch die positiven Möglichkeiten der Option für die kleinen Gemeinschaften sehen. Diese sollten als Chance genutzt werden, um zu einer Erneuerung und Verlebendigung des biblischen und altkirchlichen Bildes von der Kirche zu kommen: Kirche als konkret erfahrene Glaubensgemeinschaft vor Ort in weltweiter Kommunikation innerhalb der einen universalen Kirche.

Solche als communio verstandene und gelebte

Kirche könnte wieder deutlicher als Zeichen und Werkzeug des Heils für die Welt erfahren werden. Auf ihrem Antlitz würde das Licht Christi heller und klarer als Licht der Welt und der Menschen aufstrahlen. So könnte der christliche Glaube in neuer Weise Konturen gewinnen in unserer Zeit.